Scrum
kurz & gut

Rolf Dräther, Holger Koschek & Carsten Sahling

Beijing · Cambridge · Farnham · Köln · Sebastopol · Tokyo

Die Informationen in diesem Buch wurden mit größter Sorgfalt erarbeitet. Dennoch können Fehler nicht vollständig ausgeschlossen werden. Verlag, Autoren und Übersetzer übernehmen keine juristische Verantwortung oder irgendeine Haftung für eventuell verbliebene fehlerhafte Angaben und deren Folgen.
Alle Warennamen werden ohne Gewährleistung der freien Verwendbarkeit benutzt und sind möglicherweise eingetragene Warenzeichen. Der Verlag richtet sich im Wesentlichen nach den Schreibweisen der Hersteller. Das Werk einschließlich aller seiner Teile ist urheberrechtlich geschützt. Alle Rechte vorbehalten einschließlich der Vervielfältigung, Übersetzung, Mikroverfilmung sowie Einspeicherung und Verarbeitung in elektronischen Systemen.

Kommentare und Fragen können Sie gerne an uns richten:
O'Reilly Verlag
Balthasarstr. 81
50670 Köln
E-Mail: kommentar@oreilly.de

Copyright:
© 2013 by O'Reilly Verlag GmbH & Co. KG
1. Auflage 2013

Die Darstellung eines Amerikanischen Schlangenhalsvogels im Zusammenhang mit dem Thema Scrum ist ein Warenzeichen von O'Reilly Media, Inc.

Bibliografische Information Der Deutschen Bibliothek
Die Deutsche Bibliothek verzeichnet diese Publikation in der
Deutschen Nationalbibliografie; detaillierte bibliografische Daten
sind im Internet über *http://dnb.ddb.de* abrufbar.

Lektorat: Alexandra Follenius, Köln
Korrektorat: Sibylle Feldmann, Düsseldorf
Satz: Reemers Publishing Services GmbH, Krefeld; www.reemers.de
Umschlaggestaltung: Michael Oreal, Köln
Produktion: Andrea Miß, Köln
Druck: fgb freiburger graphische betriebe; www.fgb.de

ISBN 978-3-86899-833-7

Dieses Buch ist auf 100% chlorfrei gebleichtem Papier gedruckt.

Inhalt

	Vorwort	7
1	**Einführung**	13
	Was ist Scrum?	13
	Scrum hilft, komplexe Produkte zu entwickeln	14
	Scrum ist angewandter Empirismus	14
	Warum Scrum?	15
	Die Historie von Scrum	15
	Was macht Produktentwicklungsteams erfolgreich?	17
	Das Agile Manifest	17
	Mehr als nur Mechanik	22
	Werte	22
	Denkweise	23
	Umfeld	24
	Management	24
	Das Schalenmodell agiler Produktentwicklung	26
2	**Die Werte**	31
	Was sind Werte?	31
	Die Werte in Scrum	32
	Selbstverpflichtung (Commitment)	33
	Fokus (Focus)	34
	Offenheit (Openness)	35
	Respekt (Respect)	37
	Mut (Courage)	38
	Das Zusammenspiel von Werten, Prinzipien und Praktiken	39

3	**Die Mechanik**	**43**
	Der Prozess im Überblick	43
	Sprints	44
	Releases	53
	Checklisten	56
	Rollen	57
	Die Metarollen (Pigs & Chicken)	58
	Das Entwicklungsteam	59
	Der Product Owner	63
	Der Scrum Master	66
	Das Scrum-Team	70
	Weitere Rollen	71
	Meetings	72
	Produktvision teilen	74
	Sprint Planning	75
	Daily Scrum	80
	Estimation Meeting	83
	Sprint Review	86
	Retrospektive	89
	Artefakte	96
	Product Backlog	97
	Sprint Backlog	102
	Inkrement	103
	Definition of Done	104
	Weitere Artefakte	105
4	**Scrum im Einsatz**	**119**
	Produktentwicklung mit Scrum	119
	Vision und Ziele	120
	Anforderungen	123
	Priorisierung	126
	Schätzen	128
	Iterativ-inkrementelles Vorgehen	135
	Release-Management	138
	Wartung (Maintenance)	140

	Vom Scrum-Lehrling zum Meister	141
	Nutze die Retrospektive!	142
	Shu-Ha-Ri	142
	Schritt 1: Den Standort bestimmen	145
	Schritt 2: Scrum lernen	146
	Schritt 3: Scrum-Teams entwickeln	150
	Schritt 4: Scrum in den organisatorischen Kontext einbetten	160
	Schritt 5: Die agile Organisation	164
	Scrum ist kontinuierliche Verbesserung	166
	Was noch?	167
	Agile Software Engineering	167
	Mehrere Teams	172
	Verstreute Teams	177
A	Literatur	179
B	Glossar und Index	183

Vorwort

In den letzten zehn Jahren hat sich Scrum einen festen Platz in der Riege der Projektmanagement-Methoden erobert. In dieser Zeit wurden viele Lehrbücher und weiterführende Werke veröffentlicht. Was fehlt, ist ein kompaktes Nachschlagewerk, das auf den Schreibtischen der Product Owner, Scrum Master und Entwickler darauf wartet, auf konkrete Detailfragen schnelle Antworten zu liefern. Und ein Kompendium, das Führungskräften einen schnellen Einstieg in Scrum ermöglicht. Zu diesem Zweck haben wir *Scrum – kurz & gut* geschrieben.

Die offizielle Referenz in Sachen Scrum ist der zuletzt 2011 aktualisierte Scrum Guide [Schwaber 2011]. Hier beschreiben Ken Schwaber und Jeff Sutherland, die Väter von Scrum, die Mechanik ihres Projektmanagement-Frameworks. Die ist schnell beschrieben, denn Scrum kennt lediglich drei Rollen, vier Meetings und drei Artefakte. Das Kennen und Beherrschen dieses Instrumentariums reicht aber nicht aus, um mit Scrum wirklich erfolgreich Projekte durchzuführen. Ein agiles Wertesystem erschließt den Menschen in Scrum-Projekten neue Handlungsmöglichkeiten, fördert Innovation und eine ergebnisorientierte Arbeitsweise. Außerdem muss ein Scrum-Projekt in die wertschöpfenden Prozesse der Produktentwicklung eingebettet werden. Und schließlich gibt es neben den Kernelementen von Scrum noch weitere Methoden, Prinzipien und Praktiken, die sich in den vergangenen zehn Jahren im praktischen Einsatz bewährt haben.

Dieses Buch geht deshalb über den Inhalt des Scrum Guide hinaus, indem es Scrum im Gesamtkontext der Produktentwicklung betrachtet und beschreibt.

Aufbau dieses Buchs

Kapitel 1, *Einführung*, geht den Fragen nach, was Scrum ist, woher Scrum kommt und warum man Scrum einsetzen sollte. Es wird gezeigt, dass es mehr als nur der reinen Mechanik bedarf, um mit Scrum erfolgreich zu sein. Darüber hinaus ordnen wir Scrum auf der Basis des Agilen Manifests in den Gesamtkontext agiler Methoden und Vorgehensweisen ein. Am Ende der Einführung eröffnet das skizzierte Schalenmodell agiler Produktentwicklung eine mögliche Perspektive auf das Umfeld und den Gesamtlebenszyklus eines Produkts und hebt hervor, an welchen Stellen Scrum zum Einsatz kommen kann.

Kapitel 2, *Die Werte*, beschäftigt sich mit dem Wertesystem, das hinter dem Scrum-Framework steht und das den Prinzipien und Praktiken eine Bedeutung und der Mechanik erst einen Sinn gibt. Unserer Meinung nach sind die agilen Werte essentiell, denn das Verständnis und die Verinnerlichung dieser immateriellen, inneren Werte erschließen bei der Arbeit mit Scrum neue Handlungsmöglichkeiten und schaffen Raum für Innovation, Motivation und Vertrauen. Erst durch das Zusammenspiel von Werten, Prinzipien und Praktiken entfaltet Scrum sein volles Potenzial. Deshalb haben wir den Werten ein eigenes Kapitel gewidmet.

Kapitel 3, *Die Mechanik*, steht ganz im Zeichen der Scrum-Mechanik. Nach einem ausführlichen Überblick über den Gesamtprozess werden die Rollen, Meetings und Artefakte von Scrum detailliert beschrieben und bewertet. Dabei beschränken wir uns nicht auf die im Scrum Guide benannten Bestandteile, sondern stellen weitere Meetings und Artefakte vor, die sich in der Praxis bewährt und als hilfreich erwiesen haben. Zusammenfassungen und Checklisten am Ende jedes Abschnitts sollen beim Verständnis, der Übertragung in die Praxis und der täglichen Arbeit helfen.

Kapitel 4, *Scrum im Einsatz*, des Buches beleuchtet Themen, die beim konkreten Einsatz von Scrum in der Produktentwicklung von Bedeutung sind. Dabei wird der Bogen von der Vision über Anforderungen, Priorisierung, Schätzen, iterativ-inkrementelles Vorgehen und Release-Management bis hin zur Wartung (Maintenance) gespannt und so der komplette Produktlebenszyklus berücksichtigt. Der Frage, wie man den Weg vom Status Quo zur ernsthaften Anwendung von Scrum bewältigt, gehen wir konkret für einige Aspekte und Scrum-Prinzipien nach. Spätestens an dieser Stelle fließen sehr viele Erfahrungen aus der Praxis ein, die dem Leser helfen sollen, seinen eigenen erfolgreichen Weg mit Scrum zu finden. Abschließend gibt das Kapitel einen kurzen Ausblick auf Themen aus verschiedenen Bereichen agilen Vorgehens, darunter Agile Software Engineering, Software Craftsmanship und das Arbeiten mit mehreren oder mit verteilten Scrum-Teams.

Eine Besonderheit stellt die Kombination von Glossar und Index am Ende des Buches dar.

Wie arbeitet man mit diesem Buch?

In Abhängigkeit von der Intention des Lesers und seiner aktuellen Erfahrung mit dem Thema bieten sich folgende Herangehensweisen an:

Liest man das Buch von vorne nach hinten, so vermittelt es einen aufeinander aufbauenden Gesamteindruck von Scrum, vertieft schrittweise das Verständnis des Lesers für die damit verbundenen Konzepte, Werte und Artefakte und gibt am Ende hilfreiche Unterstützung bei der Einführung und Überführung in die tägliche Praxis. Diese Vorgehensweise sei all denen empfohlen, die sich zum ersten Mal mit Scrum beschäftigen und verstehen wollen, ob und wie ihnen Scrum in der täglichen Projektpraxis helfen kann. Bei dieser Art zu lesen können einige Themen wiederholt auftauchen. Diese Wiederholungen sollen den Gebrauch des Buches als kompaktes Nachschlagewerk unterstützen.

Wer sich über Scrum im engeren Sinne informieren und ein Bild machen möchte, der findet in Kapitel 2, *Die Werte*, und in Kapitel 3, *Die Mechanik*, einen guten Überblick. Mit den flankierenden Themen und der Einbettung in den Gesamtkontext der Produktentwicklung kann man sich in diesem Falle auch zu einem späteren Zeitpunkt auseinandersetzen.

Hat man bereits praktische Erfahrung mit Scrum, kann man dieses Buch als kompaktes Nachschlagewerk nutzen und gezielt an den aktuell interessanten Stellen zu lesen beginnen. Geeignete Einstiegspunkte findet man über den in das Glossar integrierten Index. Auf diese Weise lässt sich zum Beispiel auffrischen, was bei der Vorbereitung und Durchführung einer Retrospektive zu beachten ist, was es in Scrum bedeutet, mutig zu sein, was man unter den INVEST-Kriterien versteht oder wer für die Pflege des Product Backlogs verantwortlich ist.

Einen weiteren, sehr schnellen und gezielten Einstieg in konkrete Themen und Fragestellungen bietet die besondere Kombination aus Glossar und Index am Ende des Buches. Darin werden die wesentlichen Scrum-Begriffe kompakt erläutert und zugleich auf weiterführende Passagen in diesem Buch verwiesen. So kann man sich jederzeit über einen Schlüsselbegriff kurz und gut informieren und auf Wunsch anschließend zur Vertiefung in das zugehörige Kapitel des Buches einsteigen und weiterlesen.

Darüber hinaus wird sicher jeder Leser einen eigenen Zugang zu diesem Buch finden und mit individuellen Kennzeichnungen seine Einstiegspunkte markieren.

Die Autoren

Dieses Buch ist ein Produkt, das von einem Team im besten Scrum-Sinne entwickelt wurde: drei erfahrene agile Praktiker, jeder mit einem etwas anderen Schwerpunkt.

Rolf Dräther arbeitet als selbstständiger Berater und Coach. Er ist Certified Scrum Professional und Certified Scrum Master, akkreditierter Trainer für das Team Management System von Margerison-McCann und systemischer Berater. Mit seinem ganzen Wissen, Können, seiner Intuition und seinen langjährigen Erfahrungen mit objektorientierter und agiler Softwareentwicklung unterstützt er Teams, Führungskräfte und Unternehmen bei der Einführung und Anpassung von Scrum sowie anderen agilen Vorgehensweisen und im täglichen Leben damit.

Holger Koschek ist selbstständiger Berater, Trainer und Coach. Er begleitet Projekte und Organisationen bei der Einführung agiler Vorgehensweisen im Produktmanagement, Projektmanagement und der Unternehmensführung. Unternehmensportale bilden den fachlichen Schwerpunkt des Diplom-Informatikers. Er ist Autor der *Geschichten vom Scrum* (dpunkt.verlag) sowie Koautor von *Agile Projekte mit Scrum, XP und Kanban im Unternehmen durchführen* (dpunkt.verlag), *Unternehmensportale* (Springer-Verlag) und vieler anderer Fachpublikationen.

Carsten Sahling leitet das Geschäftsfeld Agil bei der Holisticon AG. Als klassischer Projektmanager (GPM), Certified Scrum Professional, Inhaber des DSDM Atern Foundation Exam, agiler Coach und Trainer vereint er verschiedene Sichtweisen des Projektmanagements und hilft damit insbesondere größeren Unternehmen, die traditionell eher klassisch aufgestellt sind, bei der Einführung in die agile Denkweise und bei der erfolgreichen Durchführung auch großer agiler Projekte.

Danksagungen

Neben dem Autorenteam haben andere Menschen wesentlich zum Gelingen dieses Buchprojekts beigetragen. Wir danken ganz herzlich

- Alexandra Follenius vom O'Reilly Verlag. Sie war ein guter Stakeholder, manchmal auch Product Owner des Buchs. Ihrem wertvollen Feedback hat dieses Buch seine klare Struktur und Zielgruppenansprache zu verdanken.
- Steffi Krause (GOagile!), weil sie unsere Sicht auf Scrum immer wieder um neue Perspektiven ergänzt hat. Das Wissen aus ihren agilen Trainings hat den Weg über unsere Köpfe in dieses Buch gefunden.
- Holisticon AG für die freundliche Genehmigung, die Unterlagen aus den agilen Trainings und das agile Glossar als Grundlage für dieses Buch zu verwenden.

Ohne familiären Rückhalt ist ein solches Projekt nicht zu meistern. Deshalb widmen wir dieses Buch

- Kess – R. D.
- Andrea, Nele, Marit und Lotta – H. K.
- Anja, Annika, Svenja und Louis – C. S.

Die Website zum Buch

Wenn man ein kompaktes Nachschlagewerk wie dieses schreibt, kommt man immer wieder an den Punkt, an dem man noch so viel sagen möchte, damit aber eindeutig den Rahmen des Buchs sprengte. Deshalb haben wir eine Website eingerichtet:

www.scrum-kurz-und-gut.de

Hier finden Sie Links auf weiterführende Literatur, Lesenswertes zu Scrum und Agil aus den Weiten des Internets sowie die Checklisten aus diesem Buch in druckbarer Form.

KAPITEL 1
Einführung

Dieses Kapitel beantwortet die grundlegende Frage »Was ist Scrum – und was ist es nicht?«. Wir verorten Scrum im Universum der agilen Methoden und im Produktlebenszyklus. Anwendungsszenarien, wissenschaftliche Grundlagen, ein historischer Rückblick, das Agile Manifest und ein Schalenmodell der agilen Produktentwicklung sind die Perspektiven, aus denen wir Scrum in diesem Kapitel betrachten.

Was ist Scrum?

Scrum ist ein agiles Projektmanagement-Framework. Es wird hauptsächlich in der Softwareentwicklung verwendet, kann aber auch in anderen Domänen im Rahmen der Entwicklung komplexer Produkte eingesetzt werden.

Scrum ist ein Framework, kein Prozess. Es definiert verschiedene Rollen, Meetings und Artefakte und beschreibt deren Zusammenspiel. Scrum-Projekte entwickeln ihr projektspezifisches Vorgehen in dem von Scrum abgesteckten Rahmen.

Scrum ist *kein* Allheilmittel. Es kann Projektrisiken nicht verhindern (das kann kein Vorgehensmodell), macht sie aber frühzeitig transparent und somit beherrschbar.

Scrum ist per se *kein* Projektbeschleuniger. Teams werden nicht besser oder schneller, nur weil sie nach Scrum arbeiten. Aber da sie fokussiert nur die Dinge tun, die aktuell relevant sind, werden die wirklich wichtigen Dinge früher fertig.

Scrum hilft zu fokussieren auf den nächsten Schritt

Scrum hilft, komplexe Produkte zu entwickeln

Produktentwicklung mit Scrum geschieht iterativ-inkrementell: Mit jeder Iteration (in Scrum *Sprint* genannt) wird ein Produktinkrement (ein fertiges Stück des Gesamtprodukts) entwickelt, das benutzbar ist. Diese Technik eignet sich durch kurze Feedback-Zyklen besonders für die Entwicklung komplexer Produkte. Auf Scrum.org ist eine bestechend einfache Beschreibung dieses Produktentwicklungsprozesses unter Berücksichtigung der drei Scrum-Rollen zu finden (vgl. [Scrum.org]):

Product Owner
Der Product Owner sagt, was innerhalb des nächsten Sprints entwickelt werden soll.

Entwicklungsteam
Das Entwicklungsteam (engl. Development Team) baut das Inkrement entsprechend den Wünschen des Product Owners und präsentiert das Ergebnis am Ende des Sprints.

Scrum Master
Der Scrum Master stellt sicher, dass der Produktentwicklungsprozess so reibungslos wie möglich läuft, und unterstützt bei der kontinuierlichen Verbesserung des Prozesses, des Teams und des Produkts.

Scrum ist angewandter Empirismus

Scrum ist eine Implementierung der Theorie des Empirismus, der zufolge Wissen auf Erfahrung beruht und Entscheidungen auf der Grundlage dieses Wissens getroffen werden (eine schöne Begriffserläuterung liefert [3sat Philosophie 2012]). Dazu sind drei Voraussetzungen zu schaffen:

Transparenz (Transparency)
Um Erkenntnisse aus Erfahrungen zu gewinnen, müssen alle notwendigen Informationen verfügbar und sichtbar sein.

Überprüfung (Inspection)
Die Scrum-Nutzer müssen in angemessenen zeitlichen Abständen ihre Vorgehensweise auf den Prüfstand stellen. Es gilt zu beurteilen, ob die gewählte Arbeitsweise für das Erreichen des Ziels förderlich ist.

Anpassung (Adaptation)
Sollten die Scrum-Nutzer im Rahmen der Überprüfung signifikante Abweichungen feststellen, dann sind sie gefordert, ihre Vorgehensweise so anzupassen, dass das Ziel besser oder schneller erreicht werden kann.

Die zyklische Struktur von Scrum mit seinen Iterationen und den wiederkehrenden Meetings bietet regelmäßig die Gelegenheit zur Überprüfung und Anpassung (*Inspect and Adapt*). Da diese Zyklen vergleichsweise klein sind (zwischen wenigen Tagen und vier Wochen), können Risiken schnell erkannt und frühzeitig beseitigt werden.

Warum Scrum?

Um diese Frage zu beantworten, werfen wir zunächst einen Blick in die Vergangenheit.

Die Historie von Scrum

Die geistigen Väter von Scrum sind Ken Schwaber und Jeff Sutherland. Beide beschäftigen sich zu Beginn der 1990er-Jahre zunächst unabhängig voneinander, später gemeinsam mit der Frage, wie man Produkte schneller und flexibler entwickeln kann. Aus dem Artikel »The New New Product Development Game« (Hirotaka Takeuchi, Ikujiro Nonaka; Harvard Business Review 1986) beziehen sie nicht nur wesentliche Ideen für ihr Framework, sondern auch den Namen Scrum. Der Begriff stammt aus dem Rugby und bezeichnet dort den Neustart eines Spiels nach einer kleineren Regelverletzung [Rugby Scrum].

Die Welt der Softwareprojekte ist zu dieser Zeit geprägt von traditionellen Managementmethoden, die der Komplexität der Softwareproduktentwicklung durch Projekthierarchien, Kontrollmechanismen und langfristige Planung zu begegnen versuchen. 1994 veröffentlicht die Standish Group ihren ersten CHAOS-Report, in dem sie auf der Grundlage von mehr als 8.000 untersuchten IT-Projekten die Fehlerquote dieser Projekte berechnete. Die Ergebnisse sind alarmierend: 31 % aller Projekte wurden vor der Fertigstellung komplett abgebrochen – ein wirtschaftlicher Verlust von 80 Milliarden US-Dollar. 53 % der Projekte wurden mit erheblichen Mängeln fertiggestellt. Obwohl dabei nur durchschnittlich 61 % der ursprünglichen Anforderungen erfüllt wurden, brauchten diese Projekte das Doppelte der ursprünglich veranschlagten Dauer und wurden zudem doppelt so teuer wie geplant. Nur 16 % der Projekte wurden letztlich ohne Mängel fertiggestellt.

1995 präsentiert Ken Schwaber während des Workshops *Business Object Design and Implementation* im Rahmen der OOPSLA-Konferenz den wissenschaftlichen Artikel »SCRUM Development Process«, in dem er die Erfahrungen mit dem Entwicklungsprozess in seiner Firma *Advanced Development Methods* beschreibt. Co-Chair des Workshops ist Jeff Sutherland, der 1993 bei der Firma *Easel* gemeinsam mit Kollegen ein ähnliches Vorgehensmodell entwickelt und eingesetzt hat. Sutherland und Schwaber arbeiten fortan gemeinsam an der Weiterentwicklung von Scrum. 1999 veröffentlichen sie zusammen mit anderen Autoren den Artikel »SCRUM: An extension pattern language for hyperproductive software development«. Im Jahr 2001 erscheint das Buch *Agile Software Development with Scrum* von Mike Beedle und Ken Schwaber. Seitdem sind unzählige Veröffentlichungen über Scrum und agile (Software-)Produktentwicklung erschienen. Mit der zunehmenden Verbreitung von Scrum eroberte das Framework neue Anwendungsgebiete. Ursprünglich auf die Softwareentwicklung ausgelegt, wird Scrum mittlerweile in vielen anderen Bereichen eingesetzt, z. B. in der Logistik oder im Event-Management.

Orga. Mängel

Was macht Produktentwicklungsteams erfolgreich?

In dem oben erwähnten Artikel »The New New Product Development Game« beschreiben Takeuchi und Nonaka die Charakteristika erfolgreicher Produktentwicklungsteams, die sie aus der Untersuchung von Teams aus unterschiedlichen Branchen abgeleitet haben. Drei Wesenszüge waren ihrer Analyse zufolge allen erfolgreichen Teams gemein:

- *Autonom*: Die Teams organisierten sich selbst.
- *Funktionsübergreifend* (*cross-functional*): Die Teams besaßen das notwendige Wissen und die erforderlichen Fertigkeiten, um das Produkt herzustellen.
- *Transzendent*: Die Teams strebten nach vorn, wollten immer besser werden.

Die Ursache für die schlechte Erfolgsquote von IT-Projekten lag offensichtlich in der Art und Weise ihrer Durchführung begründet und weniger in der unzureichenden Ausbildung der Entwickler oder dem fehlenden Reifegrad der noch jungen Wissenschaft namens Informatik. Deshalb konzentrierten sich Schwaber und Sutherland auf die Professionalisierung der Zusammenarbeit in Projektteams. Sie wollten eine Kultur des Lernens etablieren und das Augenmerk der Entwickler nicht nur auf das zu entwickelnde Produkt, sondern auch auf den Entwicklungsprozess lenken. An diesem wurde in der Vergangenheit nicht gerüttelt. Jetzt sollten alle Projektbeteiligten darüber nachdenken, wie man besser und effektiver zusammenarbeiten konnte. In Kombination mit Entwicklungstechniken wie eXtreme Programming [Beck 2004] führten Schwaber und Sutherland ihre frühen Scrum-Projekte zum Erfolg und entwickelten Scrum kontinuierlich (und empiristisch) weiter.

Schlüssel   Teamarbeit (Rex.bel)

Das Agile Manifest

2001 trafen sich 17 Vertreter verschiedener Softwareentwicklungsmethoden (darunter auch Ken Schwaber und Jeff Sutherland) in einem Skiort im US-amerikanischen Utah, um auszuloten, ob sich ihre Vorstellungen von Softwareentwicklung auf einen gemeinsamen Nenner bringen lassen. Dieser gemeinsame Nenner trägt heute den Namen »Agiles Manifest« [Agile Manifesto] (wir werden auf das Agiles Manifest im Folgenden ohne Literaturangabe verweisen). Das Manifest besteht aus vier Wertepaaren und zwölf Prinzipien [Agile Manifesto – Principles]. Aus den Prinzipien haben wir einmal die aus unserer Sicht wesentlichen Schlagwörter herausgezogen (Abbildung 1-1).

Abbildung 1-1: Die wesentlichen Schlagwörter aus den zwölf Prinzipien des Agilen Manifests

Die Werte des Agilen Manifests sind paarweise beschrieben, wobei die Werte auf der linken Seite jeweils höher eingeschätzt werden als die Werte auf der rechten Seite – was aber nicht heißt, dass Letztere bedeutungslos sind. Die Wertepaare lauten:

Individuen und Interaktionen mehr als Prozesse und Werkzeuge

In allen erfolgreichen IT-Projekten findet man motivierte und gut ausgebildete Menschen, die gern zusammenarbeiten und miteinander reden, anstatt übereinander zu sprechen. In solchen Projekten werden Entscheidungen gemeinsam herbeigeführt und schnell getroffen. Die fachlichen Anforderungen bespricht der Produktverantwortliche gemeinsam mit dem Entwicklungsteam, das die Anforderungen umsetzen soll. Wer außer den Entwicklern kann abschätzen, wie aufwendig die Umsetzung einer Anforderung ist? Im Gespräch wird die Anforderungsbeschreibung weiter verfeinert – die Interaktion liefert echte Ergebnisse.

Zur Unterstützung der erfolgreichen Zusammenarbeit – aber nie um ihrer selbst willen – werden Prozesse etabliert und Werkzeuge eingesetzt. Bevor Sie sich also das nächste Mal fragen, welches Bug-Tracking-Tool oder Wiki Sie für Ihr Projekt anschaffen sollen, sollten Sie sich im Sinne des Agilen Manifests zunächst die Frage stellen, wie Sie einen Raum für den Austausch Ihrer Teammitglieder schaffen und pflegen können.

Funktionierende Software mehr als umfassende Dokumentation

Peter DeGrace und Leslie Hulet Stahl beschreiben in [DeGrace 1990], dass die meisten Benutzer einer zu entwickelnden Software erst dann wissen, was sie wollen, wenn sie eine erste Version der Software gesehen (und benutzt) haben. Das deckt sich mit unseren Erfahrungen aus lang laufenden Softwareentwicklungsprojekten, bei denen der Kunde nach zwei Jahren Entwicklungszeit beim ersten Blick auf das Ergebnis sagt: »So wollte ich das aber nicht haben!« Ähnliches kann auch bei kurzen Softwareprojekten passieren – etwa dann, wenn das fachliche Konzept veraltet ist und nicht den aktuellen Anforderungen entspricht. Das ist einer der Gründe dafür, dass agile Methoden großen Wert darauf legen, erste lauffähige Versionen der Software frühzeitig und regelmäßig zur Verfügung zu stellen. Die Erkenntnisse, die ein Benutzer mit diesen frühen Versionen gewinnt, können in die Weiterentwicklung einfließen. So entsteht am Ende ein Produkt, das den Benutzerbedürfnissen genügt – weil sie an der Entwicklung beteiligt waren und diese beeinflussen konnten.

Statt einer umfassenden Dokumentation sollte Wert auf Angemessenheit und Aktualität gelegt werden. Ein Benutzerhandbuch ist in den meisten Fällen sinnvoll – es sei denn, alle Benutzer haben an der Entwicklung mitgewirkt und kennen die Software deshalb in- und auswendig. Eine angemessene technische Dokumentation der

Software zahlt sich spätestens in der Wartungsphase aus. Angemessen bedeutet, dass vor allem das beschrieben wird, was sich nicht aus der Software selbst und dem Programmcode ermitteln lässt. Dazu zählen unter anderem fachliche und technische Entscheidungen. Hier sollten neben der gewählten Alternative auch die verworfenen Alternativen beschrieben und die Entscheidung begründet werden. Der Umfang der Dokumentation wird in einigen Branchen (z. B. der Medizintechnik) durch Gesetze und Bestimmungen geregelt. Hier kann sich die Auseinandersetzung mit den Dokumentationsanforderungen lohnen, denn oft stellt sich heraus, dass vermeintlich unabdingbare Dokumentationsbestandteile tatsächlich gar nicht vorgeschrieben sind. Grundsätzlich gilt: lieber weniger, dafür aber aktuell dokumentieren, denn nichts ist nutzloser als eine veraltete Dokumentation.

Zusammenarbeit mit dem Kunden mehr als Vertragsverhandlung

»Produktentwicklung ist Vertrauenssache« – so könnte man diesen Wert auf den Punkt bringen, wenn man den Begriff »Vertrauenssache« nicht im Sinne von »ich lasse es mal laufen« versteht. In einem Produktentwicklungsprojekt sollten Auftraggeber und Auftragnehmer vertrauensvoll zusammenarbeiten, um ein fachlich wertvolles Produkt von hoher Qualität zu schaffen. Der Auftraggeber muss darauf vertrauen, dass der Auftragnehmer die fachlichen Anforderungen nach bestem Wissen und mit einem hohen handwerklichen Anspruch umsetzt. Der Auftragnehmer wiederum muss dem Auftraggeber vertrauen, dass dieser die Anforderungen bestmöglich beschrieben hat. Gemeinsam werden sie die Anforderungen zur richtigen Zeit durch Nachfragen und Nachbessern weiter verfeinern, damit sie vom Auftragnehmer zur Zufriedenheit des Auftraggebers umgesetzt werden können. Beide Seiten wissen, dass sich die Anforderungen im Laufe des Projekts verändern können. Neue Anforderungen können hinzukommen, andere wegfallen. Das hat Auswirkungen auf die Dauer, den Umfang und die Kosten des Projekts. Deshalb kann der Auftraggeber zu Projektbeginn nicht alle drei dieser Parameter festlegen, sondern maximal zwei. Dieser Umstand hat Auswirkungen auf die Vertragsgestaltung zwischen Auftraggeber und Auftragnehmer. Spätestens wenn der Auftragnehmer ein externes Unternehmen ist, wird man auf schriftliche Verträge nicht verzichten können. Diese können aber nicht das Vertrauen der handelnden Personen ersetzen. Ein Projekt, dessen Erfolg am Ende von einem Gericht entschieden werden muss, ist unserer Meinung nach kein erfolgreiches Projekt.

Reagieren auf Veränderung mehr als das Befolgen eines Plans

Scrum und die anderen agilen Methoden akzeptieren die Tatsache, dass sich im Laufe eines Projekts viele Dinge ändern. Kent Beck hat seinem Buch »eXtreme Programming eXplained« [Beck 2004] sogar den Untertitel »Embrace Change« (etwa: Heiße die Veränderung willkommen) gegeben. Diese Grundhaltung prägt die Prinzipien und Praktiken agiler Methoden: Eine iterativ-inkrementelle Vorgehensweise, regelmäßiges Feedback, eine dynamische Anforderungsliste (anstelle des klassischen Lastenhefts) und die ständige Bereitschaft zur Anpassung sowohl der Produkteigenschaften als auch des Entwicklungsprozesses sind Ausdruck des offenen Umgangs mit Veränderungen. Wer Veränderung akzeptiert und zulässt, muss auch die Planung von Projekten überdenken. Ein Plan, der zu Projektbeginn sowohl die Dauer als auch den Umfang und das Budget verbindlich festlegt, ist unrealistisch. Einer der drei Parameter im sogenannten »magischen Dreieck des Projektmanagements« muss variabel bleiben. Die Qualität ist keine Variable – sie muss immer das geforderte (hohe) Niveau haben. Bei der Qualität gehen agile Methoden keine Kompromisse ein, denn nachhaltige Kundenzufriedenheit ist das oberste Ziel (siehe Abbildung 1-2).

Auch in agilen Projekten wird geplant und kontrolliert. In Scrum gibt es neben der kurzfristigen Sprint-Planung auch eine Release-Planung mit einem längerfristigen Horizont. Diese Pläne können sich jedoch jederzeit ändern – und das wissen alle Beteiligten. Dank einer tagesaktuellen Fortschrittskontrolle können Risiken (z. B. Verzögerungen) in Scrum-Projekten frühzeitig erkannt und bekämpft werden. Agile Projekte leben nach dem von Dwight D. Eisenhower formulierten Motto: »Pläne sind nichts. Planung ist alles.«

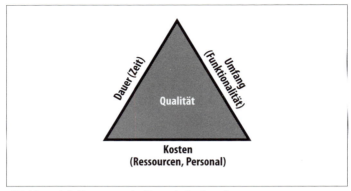

Abbildung 1-2: Das magische Dreieck des Projektmanagements

Mehr als nur Mechanik

Das Agile Manifest beschreibt ein Wertesystem, das allen agilen Methoden zugrunde liegt. Ohne dieses Wertesystem bliebe jede Methode nur reine Mechanik und könnte nie die gewünschte Wirkung entfalten. Das sollten Sie bedenken, wenn Sie Scrum einführen: Sie müssen zunächst lernen, anders zu denken, bevor Sie anders handeln.

Werte

Das andere Denken beginnt bei den Werten. Das Wertesystem des Agilen Manifests haben wir bereits beschrieben. Mike Beedle und Ken Schwaber beschreiben in [Schwaber 2001] ein Fundament aus fünf Werten, auf dem Scrum beruht:

- Selbstverpflichtung (Commitment)
- Fokus (Focus)
- Offenheit (Openness)
- Respekt (Respect)
- Mut (Courage)

Diese Werte beschreiben wir ausführlich in Kapitel 2, *Die Werte*. Darüber hinaus kann ein Scrum-Team eigene Werte entwickeln oder sie aus dem Wertekanon der Organisation beziehen, in die das Team eingebettet ist.

Wenn Sie ein agiles Team bei der Arbeit beobachten, merken Sie recht schnell, ob die Teammitglieder durch gemeinsame Werte verbunden sind. Unserer Erfahrung nach sind die »wert-vollen« Teams tatsächlich auch wertvoll (im Sinne von erfolgreich). Deshalb sollten Sie für Ihre agilen Teams eine Umgebung schaffen, in der Werte gelebt werden und erlebbar sind. *(Förderung)*

Denkweise

»Die richtigen Dinge richtig machen« – so könnte man die agile Denkweise zusammenfassen. Es geht darum, Produkte zu entwickeln, die der Kunde wirklich haben möchte und die ihm einen echten Mehrwert bieten. Daraus lassen sich alle agilen Werte, Prinzipien und Praktiken ableiten:

Um »das richtige Ding« zu entwickeln, muss ein kontinuierlicher Dialog zwischen dem Kunden und der Produktentwicklung etabliert werden mit dem Ziel, voneinander zu lernen. Das Entwicklungsteam lernt, die Bedürfnisse des Kunden zu begreifen, die (oft im Verborgenen) hinter den formulierten Anforderungen stehen. Der Kunde lernt, seine Anforderungen zielgerichteter zu formulieren. Und er kann an den ersten Versionen des Produkts nicht nur die Erfüllung seiner Anforderungen überprüfen, sondern auch deren Güte und Relevanz bewerten – oft mit der Folge, dass Anforderungen verändert oder zurückgezogen werden und neue Anforderungen hinzukommen. Damit dieser Dialog funktioniert, müssen sich Kunde und Produktentwicklungsteam als Partner verstehen und eine gemeinsame Sprache entwickeln. Oft müssen sie sogar die Grundregeln der Kommunikation neu erlernen. *Zum Team gehört der Kunde*

Um das Produkt »richtig« zu entwickeln, muss das Produktentwicklungsteam gut ausgebildet sein, über alle erforderlichen Fertigkeiten und das notwendige Wissen verfügen sowie diszipliniert und ergebnisorientiert am Produkt arbeiten. Scrum stellt den Rahmen für einen solchen Entwicklungsprozess dar. Diesen Rahmen gilt es zu füllen. Ein Entwicklungsteam, das nachhaltig hohe Qualität, einfaches Design und kontinuierliches Lernen anstrebt, wird diesen Rahmen schnell mit Praktiken füllen, von denen wir einige im Abschnitt »Was noch?« auf Seite 167 vorstellen. In regelmäßigen Retrospektiven wird das Team die Güte seines Prozesses überprüfen und gegebenenfalls Anpassungen am Prozess vornehmen.

Umfeld

Scrum hat seine Wurzeln in der Entwicklung komplexer Softwaresysteme. Der Schwerpunkt von Scrum liegt in der Organisation der Anforderungsbeschreibungen und Entwicklungstätigkeiten. Konkrete Entwicklungstechniken gehören nicht zum Scrum-Repertoire. Außerdem ist die Softwareentwicklung nur ein Abschnitt im Leben eines Softwaresystems. Vor der Entwicklung steht die Produktidee, oft beschrieben als Vision. Nach der Entwicklung und Produktivsetzung der Software (die bei Scrum iterativ geschieht) ist ein Softwareentwicklungsprojekt irgendwann einmal zu Ende. Oft wird die Verantwortung für die Software dann in die Hände eines Wartungs- oder Betriebsteams gelegt. Wie Scrum in dieses Umfeld eingebettet ist, illustrieren wir im Abschnitt »Das Schalenmodell agiler Produktentwicklung« auf Seite 26.

Management

Das Anwendungsgebiet von Scrum sind Projekte zur Produktentwicklung. Dabei trifft Scrum keine Annahmen über die Aufbau- und Ablauforganisation, in die diese Projekte eingebettet sind. Scrum trifft allerdings Annahmen über die Menschen, die in Scrum-Projekten arbeiten. Das allen agilen Methoden zugrunde liegende Wertesystem und die Forderung nach Selbstorganisation innerhalb des Entwicklungsteams formulieren einen hohen Anspruch an Mensch und Organisation. Von Managern, die für Scrum-Projekte und -Teams verantwortlich sind, wird ein neuer Führungsstil erwartet. Ein agiler Manager ist Mentor und Coach. Sein Ziel ist es, einen Rahmen zu schaffen, innerhalb dessen die agilen Teams eigenverantwortlich und selbstorganisiert arbeiten können. Dazu stellt der agile Manager die organisatorischen und strategischen Leitplanken auf und ermöglicht allen Teammitgliedern, sich kontinuierlich weiterzuentwickeln, um den Anforderungen einer agilen Organisation gerecht zu werden. Um die agilen Werte nachhaltig in der Unternehmenskultur zu verankern, geht der Manager mit gutem Beispiel voran und lebt vor, was er von seinen Teams erwartet: Respekt, Fokus, Transparenz – um nur einige Werte zu nennen.

Eine wachsende Anzahl an Publikationen zu agilem Management ist ein Indiz für die Relevanz dieses Themas. Jurgen Appelo liefert in [Appelo 2010] ein komplettes agiles Managementmodell, das aus sechs Perspektiven besteht:

- Gib Menschen Energie.
- Ermächtige Teams.
- Justiere die Rahmenbedingungen.
- Entwickle Kompetenz.
- Lasse Strukturen wachsen.
- Verbessere alles.

Auch dieses Modell basiert auf dem Agilen Manifest. Und es stellt den Menschen in den Mittelpunkt. Nur ein Manager, der es wagt, eine echte Beziehung zu seinen Mitarbeitern aufzubauen, um deren Potenzial zu erkennen und zu fördern, wird sich eines Tages über einen Zustand freuen, der in der Literatur als Hyperproduktivität beschrieben wird. Er beschreibt die Arbeitsweise von Teams, die in einem Umfeld arbeiten, das ihnen genügend Freiraum lässt, um die Innovations- und Schaffenskraft voll zu entfalten, auf der anderen Seite aber eng genug ist, um fokussiert auf ein klar erkennbares Ziel hinzuarbeiten. Keine Angst: So wie ein Scrum-Team nicht vom ersten Tag an das Potenzial des Scrum-Frameworks auszuschöpfen vermag, wird ein Manager einige Zeit brauchen, bis er diese neue Art der Führung verinnerlicht hat. Mithilfe von Inspect and Adapt kann diese Entwicklung in kleinen, kontrollierten Schritten erfolgen.

Das Schalenmodell agiler Produktentwicklung

Wie bereits im Abschnitt »Umfeld« auf Seite 24 angedeutet, betrachtet Scrum nur einen Ausschnitt des Lebenszyklus eines Produkts. In Abbildung 1-3 haben wir versucht, den Rahmen der Produktentwicklung und die Rolle von Scrum in diesem Rahmen in einem Schalenmodell zu illustrieren. Bitte bedenken Sie, dass das Schalenmodell nur eine mögliche Sichtweise darstellt. Daneben kann es noch viele weitere Perspektiven geben – die aber den Rahmen dieses Buchs sprengten.

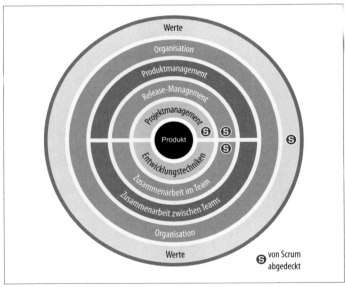

Abbildung 1-3: Das Schalenmodell agiler Produktentwicklung

Produkt

Im Kern des Schalenmodells steht das Produkt. Es soll den Kunden nutzen (funktionale Eigenschaften) sowie robust und fehlerarm zu verwenden sein (nicht-funktionale Eigenschaften).

Projektmanagement

Davon ausgehend, dass Produkte im Rahmen von Projekten entwickelt werden, muss es ein Vorgehensmodell für die Steuerung und Kontrolle dieser Projekte geben. Scrum bietet das Rahmenwerk, innerhalb dessen ein Projektteam ein geeignetes Vorgehen unter Nutzung der Prinzipien, Praktiken und Einhaltung der Regeln von Scrum entwickeln kann.

Release-Management

Da der Horizont aller, die sich mit dem Produkt beschäftigen, weiter reicht als die nächste Iteration, muss der Product Owner eine Vorstellung davon entwickeln, welchen Weg das Produkt in den kommenden sechs bis zwölf Monaten nehmen soll. Diese mittelfristige Planung ist immer nur eine Prognose, die höchstwahrscheinlich aufgrund äußerer Einflüsse oder neuer Erkenntnisse Änderungen unterworfen sein wird. Trotzdem ist eine Release-Planung sowohl für die Stakeholder als auch für die Nutzer und nicht zuletzt für das Entwicklungsteam selbst eine wertvolle Hilfe, um das Produkt zielgerichtet weiterzuentwickeln.

Produktmanagement

Der Lebenszyklus eines Produkts beginnt in der Regel deutlich früher als das Projekt, in dessen Rahmen das Produkt hergestellt wird. Ausgehend von einer ersten Idee wird eine Vision entwickelt. Diese wird eventuell durch Marktforschung oder einen Prototyp auf ihre Akzeptanz getestet, bevor konkrete Anforderungen an die Funktionalität beschrieben und nicht funktionale Rahmenbedingungen abgesteckt werden.

Mit der Fertigstellung einer Produktversion endet der Lebenszyklus eines Produkts noch lange nicht. Jetzt muss es seine Alltagstauglichkeit unter Beweis stellen. Fehler müssen behoben werden, und neue Anforderungen werden an das Produkt gestellt, die es zu priorisieren und gegebenenfalls umzusetzen gilt. Bei Softwareprodukten hat die Betriebs- oder Wartungsphase begonnen. Diese kann als Scrum-Projekt organisiert sein. Oft kommen aber andere Methoden zum Einsatz, z. B. Software-Kanban [Anderson 2011].

Entwicklungstechniken

Um das Produkt zu entwickeln, braucht es neben den Menschen, die in der Entwicklung tätig sind, auch Techniken und Werkzeuge, mit denen das Produkt effizient hergestellt werden kann. In der Softwareentwicklung gibt es eine Reihe handwerklich anspruchsvoller, aber außerordentlich effizienter Techniken, die bei konsequenter Anwendung eine nachhaltig hohe Produktqualität sicherstellen. Dazu gehören Test-Driven Development (TDD), Behavior-Driven Development (BDD), modellgetriebene Entwicklung (MDD), Continuous Integration (CI), Refactoring und Automatisierung von Akzeptanztests. Ergänzt werden die Techniken durch Arbeitsweisen und Prinzipien wie Pair Programming und Collective Code Ownership. Einen guten Überblick über diese Entwicklungstechniken bieten [Beck 2004] und [Pichler 2011]. Wir gehen im Abschnitt »Was noch?« auf Seite 167 auch auf Entwicklungstechniken näher ein.

Zusammenarbeit im Team

Scrum geht davon aus, dass Entwicklungsteams selbstorganisiert arbeiten. Mit dem Scrum Master gibt es eine Person, die in Scrum-Teams die Rolle des Mentors und Coaches übernimmt. Der Scrum Master schafft den Rahmen, in dem das Team eine selbstorganisierte Arbeitsweise entwickeln kann, und unterstützt das Team bei dieser Entwicklung. Das Scrum-Regelwerk begleitet diese Entwicklung durch regelmäßige Meetings, beispielsweise das Daily Scrum.

Zusammenarbeit zwischen Teams

Je umfangreicher ein Produkt, desto mehr Personen werden für dessen Entwicklung benötigt. Da die ideale Teamgröße neun Personen nicht überschreiten soll, empfiehlt es sich in diesem Fall, mehrere Teams zu bilden. Die Organisation der Zusammenarbeit zwischen Scrum-Teams wird im Scrum Guide [Schwaber 2011] (wir werden auf den Scrum Guide im Folgenden ohne Literaturangabe verweisen). nicht beschrieben. Es gibt aber erprobte Praktiken, z. B. das Scrum of Scrums, mit dem die erfolgreiche Zusammenarbeit zwischen Teams gelingt.

Organisation

Die interdisziplinäre Arbeitsweise in Scrum-Projekten lässt sich in streng fachlich-hierarchischen Organisationsformen nur schwer etablieren (siehe Abschnitt »Scrum-Teams sind funktionsübergreifend (cross-functional)« auf Seite 155). Mittlerweile beschäftigen sich viele Forscher und Praktiker mit der Frage nach der idealen Organisationsform für agile Produktentwicklung. Mitglieder der Agile Alliance haben 2011 in einem Workshop diese Frage erörtert. Dazu haben sie Organisationen betrachtet und analysiert, die sie für agil halten. Sie sind zu dem Ergebnis gelangt, dass sich agile Unternehmen auf systemischem Denken gründen und fünf Prinzipien beherzigen: offene Kommunikation, Lernen durch Experimente, handwerkliches Können, katalytische Führung und langfristiges ergebnisorientiertes Controlling [Coldewey 2012].

Werte

Über Werte haben wir bereits viel geschrieben (siehe die Abschnitte »Das Agile Manifest« auf Seite 17 und »Mehr als nur Mechanik« auf Seite 22) und werden noch mehr schreiben (siehe Kapitel 2, *Die Werte*). Deshalb an dieser Stelle nur noch einmal unsere Grundüberzeugung: Ohne entsprechende Werte wird kein Team, kein Projekt und keine Organisation agil.

- Team → selbstorganisiert
  Zusammenarbeit zu Teams

- Werte Basis schaffen

KAPITEL 2

Die Werte

Nachdem sie im vorigen Kapitel bereits kurz vorgestellt wurden, werden wir die Werte, auf denen Scrum basiert, hier nun ausführlich beschreiben. Erst durch das Zusammenspiel von Werten, Prinzipien und Praktiken entfaltet Scrum sein volles Potenzial. Deshalb haben wir den Werten ein eigenes Kapitel gewidmet. Wir definieren zunächst den Begriff »Wert«, bevor wir die fünf Scrum-Werte vorstellen und deren praktische Bedeutung anhand von Beispielen illustrieren. Abschließend zeigen wir, wie die Werte, Prinzipien und Praktiken ineinander greifen können, um mit Scrum erfolgreich zu arbeiten.

Was sind Werte?

Der Kern aller agilen Vorgehensmodelle ist ein Wertesystem. Diese Werte geben den Prinzipien und Praktiken von Scrum eine Bedeutung und der Mechanik von Scrum einen Sinn.

Wenn wir hier den Begriff »Werte« verwenden, dann meinen wir immaterielle, moralische (oder innere) Werte, die auf Werterfahrungen beruhen. Für den deutschen Soziologen und Sozialphilosophen Hans Joas sind Werte attraktiv-motivierend, im Gegensatz zu Normen, die restriktiv-obligatorisch sind. Während Normen bestimmte Handlungen ausschließen, erschließen Werte den Menschen neue Handlungsmöglichkeiten.

Die Werte in Scrum

Mike Beedle und Ken Schwaber haben Scrum auf einem Fundament aus fünf Werten aufgebaut (vgl. [Schwaber 2001]):

Selbstverpflichtung (Commitment)
: Sei willens, dich für ein Ziel zu verpflichten. Scrum gibt dir die nötigen Befugnisse, um diese Verpflichtung zu erfüllen.

Fokus (Focus)
: Erledige deine Arbeit. Verwende all deine Energie und Erfahrung auf die Aufgabe, zu der du dich verpflichtet hast. Mach dir um alles andere keine Sorgen.

Offenheit (Openness)
: Scrum macht alle Informationen über das Projekt für alle sichtbar.

Respekt (Respect)
: Individuen sind geprägt durch ihren persönlichen Hintergrund und ihre Erfahrungen. Es ist wichtig, die verschiedenen Menschen zu respektieren, die sich zu einem Team zusammengeschlossen haben.

Mut (Courage)
: Habe den Mut, dich einem Ziel zu verpflichten, zu handeln, Offenheit zu zeigen und Respekt zu erwarten.

Auch eXtreme Programming [Beck 2004], eine leichtgewichtige und agile Softwareentwicklungsmethode, basiert auf fünf Werten. Nur fünf Werte? Der Wertekatalog ist bewusst klein gehalten, damit er von allen, die in agilen Projekten arbeiten, gleichermaßen akzeptiert und gelebt wird. Der Versuch, verschiedene Menschen unter einer Vielzahl von Werten zu vereinen, käme einer Sektenbildung bedenklich nahe. Wer einmal ernsthaft versucht hat, sein Handeln in einem Scrum-Projekt konsequent an den fünf Werten auszurichten, der wird festgestellt haben, wie anspruchsvoll diese wertorientierte Arbeitsweise ist. Betrachten wir die Scrum-Werte etwas genauer.

Selbstverpflichtung (Commitment)

Den ersten Scrum-Wert »Commitment« aus dem Englischen zu übersetzen, ist nicht leicht. Zu vielschichtig ist dieser Begriff und zu speziell die Bedeutung im Scrum-Kontext. Hier bezeichnet »Commitment« insbesondere die Zusage des Entwicklungsteams, die für den Sprint ausgewählten Backlog Items tatsächlich im Laufe des Sprints fertigzustellen. Aus unserer Sicht beschreibt »Selbstverpflichtung« diesen Umstand am besten.

In der Neuauflage des Scrum Guide im Jahr 2011 wich das Commitment einer Vorhersage (Forecast). Diese Änderung wurde und wird viel diskutiert.

Viele Scrum-Teams fühlten sich durch die explizit eingeforderte Verpflichtung zu stark unter Druck gesetzt. Oft liegt es nicht an mangelhafter Teamleistung, wenn ein versprochenes Ergebnis nicht geliefert werden konnte. Die Ursachen sind in solchen Fällen außerhalb des Teams zu finden: Notwendige Zulieferungen stehen nicht rechtzeitig zur Verfügung, strittige Fragen bleiben unbeantwortet, Entscheidungen werden nicht gefällt. Die oft beobachtete Folge: Das Team rechtfertigt sich im Sprint Review ausführlich, anstatt das Projekt mit einer guten Ergebnispräsentation voranzutreiben. Darunter leidet die Stimmung im Team und im Projekt.

Um diesen Missstand aufzulösen, wird heute vom Entwicklungsteam im Sprint Planning anstelle des Commitment eine Vorhersage (Forecast) erwartet. Diese nach bestem Wissen und Gewissen ermittelte Liste von Backlog Items (das Selected Product Backlog) geht dann als Sprint Backlog in den nächsten Sprint ein. Ist das Sprint Backlog am Ende des Sprints nicht komplett abgearbeitet, war die Vorhersage offenbar nicht gut genug.

Während viele Entwicklungsteams die Vorhersageregelung begrüßen, argumentieren andere, dass das Scrum-Framework durch diese Regelung stark aufgeweicht wird. Wenn das Team »nur« eine Vorhersage abgeben muss, so das Hauptargument der Gegner, dann schwindet der Druck, alles sinnvoll Mögliche zu tun, um die Vorhersage zu erfüllen. Die Notwendigkeit, sich intensiv mit den Backlog Items auseinanderzusetzen, um mit dem Product Owner zu einem gemeinsamen Verständnis der Inhalte zu gelangen, wird dann vielleicht nicht mehr von allen Teammitgliedern geteilt. In der Folge sinke dadurch die Qualität, sagen die Vorhersagegegner.

Verpflichtung hin oder her: Ein gutes Entwicklungsteam steht zu seinem Produkt. Es will gemeinsam mit dem Product Owner ein Produkt mit größtmöglichem Nutzen schaffen, das den gestellten Anforderungen gerecht wird. Diese Anforderungen werden entsprechend ihrer Priorisierung der Reihe nach umgesetzt – Sprint für Sprint. Und weil ein Entwicklungsteam weiß, wie wichtig es ist (und wie gut es tut), wenn am Ende des Sprints alle Anforderungen umgesetzt sind, wird es bei der Sprint-Planung sorgfältig zu Werke gehen. Entscheidend für den Erfolg eines Scrum-Projekts ist also weniger das Commitment im Sprint Planning als vielmehr eine kraftvolle Vision, die dem Scrum-Team Orientierung bietet.

Fokus (Focus)

Der Sprint ist gestartet. Nun gilt es, die in das Sprint Backlog übernommenen Product Backlog Items umzusetzen. Das ist die Aufgabe des Entwicklungsteams – nicht mehr und nicht weniger. Deshalb sollen sich alle Teammitglieder auf diese Aufgabe konzentrieren. Das ist leichter gesagt als getan. Tagesgeschäft, Tätigkeiten für andere Projekte und »Kannste mal eben«-Aufgaben machen dem um Fokus bemühten Entwickler das Leben schwer.

Mehrere wissenschaftliche Untersuchungen (z. B. [Baethge 2010]) haben gezeigt, dass sowohl das gleichzeitige Bearbeiten mehrerer Aufgaben (Multitasking) als auch eine hohe Frequenz von Arbeitsunterbrechungen negative Auswirkungen haben. Die Qualität der Arbeitsleistung nimmt ab, unter anderem weil schneller gearbeitet wird, um die durch Unterbrechungen verlorene Zeit zu kompensieren. Trotzdem ist die Gesamtbearbeitungsdauer für jede Einzelaufgabe beim Multitasking höher als bei einer unterbrechungsfreien sequenziellen Abarbeitung der Aufgaben. Eine häufige Folge von Multitasking und Unterbrechungen ist Stress. Eine fokussierte Arbeitsweise sorgt dafür, dass die Zahl der Unterbrechungen abnimmt.

Scrum unterstützt eine fokussierte Arbeitsweise. Ein ideales Scrum-Team arbeitet für genau ein Projekt und ist personell stabil. Die Aufgaben sind klar und ausreichend konkret benannt, sodass einer konzentrierten Bearbeitung nichts im Weg steht. Die Definition of Done beschreibt, wann eine Aufgabe als erledigt betrachtet werden kann. Die Backlog Items werden der Reihe nach abgearbeitet. Idealerweise befindet sich zu jedem Zeitpunkt im Sprint genau ein Backlog Item in Bearbeitung. Ein regelmäßiger Austausch ist durch das Daily Scrum garantiert und fest in den Tagesablauf integriert, hat also nicht den Charakter einer (ungeplanten) Unterbrechung.

Nicht nur das Entwicklungsteam arbeitet fokussiert. Der Product Owner hat das Produkt im Fokus. Er konzentriert sich auf die Beschreibung der Ideen, Konzepte und Eigenschaften des Produkts. Grundsätzlich wird er sich möglichst viel Funktionalität wünschen. Demgegenüber muss der Scrum Master das Entwicklungsteam darin unterstützen, dass die Funktionen des Produkts in der geforderten Qualität und innerhalb der durch die Sprint-Länge vorgegebenen Zeit realisiert werden. Im Zweifelsfall wird er seinem Team empfehlen, sich gegen die Aufnahme eines weiteren Backlog Item in das Selected Product Backlog aussprechen, wenn dadurch die Erledigung der bereits vom Team zugesagten Backlog Items gefährdet wäre.

Der Fokus des Scrum Masters liegt auf der Einhaltung der Scrum-Regeln. Er tut alles, um die Produktivität des Teams zu gewährleisten und zu verbessern. Dazu berät er auch alle Personen außerhalb des Teams, die Einfluss auf die Arbeit des Teams (oder Interesse an dessen Arbeitsweise) haben.

Offenheit (Openness)

Der Forderung nach Offenheit im Umgang mit Informationen liegt die Erkenntnis zugrunde, dass ein Mensch nur dann in der Lage ist, eine fundierte Entscheidung zu treffen, wenn er Zugang zu allen relevanten Informationen hat. Je einfacher diese Informationen zugänglich sind und je offener sie präsentiert werden, desto intensiver werden sie genutzt. Ein Beispiel: Anstatt den Projektstatus in einem elektronischen Planungswerkzeug zu pflegen, findet man in

Kanban-Board

vielen Scrum-Projekträumen ein Taskboard, an dem die Backlog Items und Tasks des laufenden Sprints als Pappkarten oder Haftnotizzettel in einer der drei Spalten *To Do*, *In Progress* und *Done* hängen. So lässt sich auch für einen Außenstehenden der Status des Projekts (bezogen auf den laufenden Sprint) auf einen Blick erkennen. Ein anderes Beispiel: Das Impediment Backlog ist eine offen geführte Liste der Hindernisse, die das Entwicklungsteam in seiner Arbeit beeinträchtigen. Es ist die Hauptaufgabe des Scrum Masters, diese Hindernisse zu beseitigen. Da aber jeder die Liste einsehen kann, ist es möglich, dass ein Hindernis von einer anderen Person aus dem Weg geräumt wird. Man kann schließlich nur jene Probleme lösen, von deren Existenz man weiß.

Die Offenheit im Umgang mit Informationen hat eine Kehrseite, die wir jedoch für eine Stärke halten: Transparenz macht angreifbar. Wenn ich den Projektstatus für alle sichtbar in einem Burndown Chart dokumentiere und dort auch die Ideallinie eintrage, sind Abweichungen von der Ideallinie – nach oben wie auch nach unten – sofort erkennbar. In einem Unternehmen, das nur gut laufende Projekte kennt (weil es die weniger gut laufenden entsprechend »frisiert«), kann ein Scrum-Projekt unangenehm auffallen. Es wird sich von traditionellen Projektleitern die Frage gefallen lassen müssen, warum es denn im Vergleich zu den traditionellen Projekten so schlecht läuft. Und das Management könnte sich beschweren, dass dieses Projekt das erste in der Geschichte des Unternehmens sei, das nicht ständig im grünen Bereich ist. Dabei wissen die Projektleiter, dass auch in ihren Projekten nicht alles glänzt. Sie haben aber immer bis zur nächsten Lenkungsausschusssitzung (oder einem vergleichbaren Projektstatusmeeting) Zeit, den Status zu frisieren, weil in der Zwischenzeit niemand den aktuellen Projektstatus erfragt.

Anders das Scrum-Projekt: Es ist tagesgenau auskunftsfähig – nicht etwa, um dem Management zu gefallen, sondern in erster Linie deshalb, weil das Scrum-Team selbst daran interessiert ist, zu wissen, wie es um das eigene Projekt steht. Je früher es eine Fehlentwicklung erkennt, desto effektiver kann das Scrum-Team Gegenmaßnahmen ergreifen. Das funktioniert am besten in einer Unternehmenskultur, die Fehler als Chance zum Lernen begreift. Wer nur positive Statusberichte bekommen möchte, der muss akzeptieren, dass er belogen wird. Und wer nicht am tatsächlichen Zustand seiner Projekte interessiert ist, der wird sich wundern, warum trotz vermeintlich erfolgreicher Projekte der Erfolg auf der Strecke bleibt. Transparenz macht angreifbar – aber Transparenz macht vor allem Probleme früh sichtbar und somit behebbar. Das ist die wahre Stärke von Scrum und anderen agilen Methoden.

Respekt (Respect)

Ein respektvoller Umgang im privaten wie im beruflichen Leben sollte eigentlich selbstverständlich sein. Die Wirklichkeit sieht oft anders aus. Da stehen Programmierhelden im Rampenlicht, die den Rest des Teams im Schatten stehen lassen. Wir erleben paarweises Programmieren, bei dem ein Entwickler seine überlegenen Programmierkünste zum Besten gibt, anstatt seinem Partner zu helfen, besser zu werden. Und natürlich gibt es die vielen kleinen und größeren versteckten und offenen »Nickeligkeiten« – genau wie im Fußball, der diesen Begriff populär gemacht hat.

Ohne gegenseitigen Respekt wird ein Scrum-Team keine Erfolge erzielen können. Solche Teams arbeiten sehr eng und intensiv miteinander. Das funktioniert nur, wenn sich die Teammitglieder gegenseitig respektieren, ihre Verschiedenheit akzeptieren, die Stärken kennen und nutzen, die Schwächen verzeihen oder gemeinsam daran arbeiten und auf ein gemeinsames Ziel hinarbeiten.

Viele Entwickler äußern den Wunsch nach einem homogenen Team, in dem alle ähnlich »ticken«. Dabei steckt oft in der Verschiedenheit der Teammitglieder der Schlüssel zum Erfolg. Scrum-Teams sind interdisziplinär und funktionsübergreifend (cross-functional) besetzt. Sie vereinen alle Kompetenzen, die erforderlich sind, um die anstehenden Aufgaben ohne Unterstützung von außerhalb zu erledigen. In Scrum-Teams treffen leidenschaftliche Programmierer auf begeisterte Tester, kreative Webdesigner auf pfiffige Systemadministratoren, großartige Grafiker auf visionäre Product Owner. Nur gemeinsam können sie ihr Ziel erreichen und ein Produkt entwickeln, das den Kunden gefällt.

Neben ihrem Expertenwissen bringen die Teammitglieder ein Interesse an den Spezialgebieten der anderen mit. Sie wollen voneinander lernen und ihren eigenen Horizont erweitern – nicht nur aus Neugierde, sondern auch, um die anderen Teammitglieder unterstützen zu können. Solche Persönlichkeiten werden T-förmig genannt, weil sie über ein breites Wissen verfügen (waagerechter T-Strich) und zugleich Experte auf (mindestens) einem Gebiet sind (senkrechter T-Strich).

Ein schönes Beispiel, wie man respektvoll miteinander umgeht, liefert Norman L. Kerth, wenn er Scrum-Teams seine »Retrospective Prime Directive« als Leitlinie für Teamretrospektiven empfiehlt [Kerth 2001]:

Ganz egal, was wir entdecken werden: Wir verstehen und glauben zutiefst, dass jede(r) nach besten Kräften gearbeitet hat, wenn man den aktuellen Wissensstand, die Fähigkeiten und Fertigkeiten, die verfügbaren Ressourcen und die derzeitige Situation zugrunde legt.

Teams, deren Mitglieder mit dieser Grundeinstellung durchs (Projekt-)Leben gehen, sind in der Lage, das Beste aus sich herauszuholen und dabei gut miteinander auszukommen. Ein gutes Team ist deshalb mehr als die Summe seiner Mitglieder.

Mut (Courage)

Mut in der Produktentwicklung? Was auf den ersten Blick unpassend erscheinen mag, entpuppt sich bei näherer Betrachtung als wichtiger Wert in einem kollaborativen Umfeld. Je intensiver Menschen zusammenarbeiten, desto größer ist der Einfluss zwischenmenschlicher Konflikte. Persönliche oder fachliche Differenzen, ungenaue Kommunikation, übertriebener oder fehlender Ehrgeiz – es gibt viele Gründe, warum die Stimmung im Team kippen kann. Solche Situationen aufzulösen und zu neuer Gemeinsamkeit zu finden, erfordert nicht nur Erfahrung und Fingerspitzengefühl, sondern vor allem den Mut, die Probleme offen anzusprechen.

Man darf Mut nicht mit Übermut verwechseln. Mut ist kalkuliertes Risiko, basierend auf Erfahrung und Urteilsvermögen. Mutige

Handlungen haben oft positive Auswirkungen. Übermut hingegen tut, wie schon der Volksmund sagt, selten gut.

Mut bedarf es aber nicht nur zur Auflösung von Konflikten. Wenn ein Teammitglied seine eigene Meinung z. B. zur Softwarearchitektur oder einer Prozessverbesserung konsequent vertritt, auch gegen den Widerstand anderer Teammitglieder, dann ist das mutig. Ein Scrum Master muss oft allen Mut zusammennehmen, um sein Team vor störenden Einflüssen von außen zu schützen. Und ein Product Owner beweist Mut, wenn er beispielsweise eine fachliche Entscheidung trifft, ohne alle Fakten im Detail zu kennen, weil er dadurch einen Stillstand im Projekt vermeiden kann.

Nicht alle Menschen sind von Natur aus mutig, und die meisten können oder wollen es auch gar nicht sein. Unter gewissen Rahmenbedingungen können aber auch solche Personen über ihren Schatten springen und Wahrheiten offen aussprechen. Zu diesen Rahmenbedingungen zählt der bereits beschriebene Respekt als Grundwert, aber auch ein offener Umgang mit Fehlern. Es gibt Organisationen, die es sich zum Ziel gesetzt haben, aus den eigenen Fehlern zu lernen und diese Erkenntnis allen Mitgliedern der Organisation zur Verfügung zu stellen. Dazu müssen alle bereit sein, eigene Fehler zuzugeben und gemeinsam mit den Kolleginnen und Kollegen an der Fehlerbehebung zu arbeiten. Wer eine solche Fehlerkultur leben darf, für den ist es selbstverständlich, mutig über Fehler zu sprechen. In diesem Umfeld fällt es leichter, auch andere Missstände anzusprechen, die keine Fehler sind, aber beispielsweise Verschwendung bewirken oder ein großes Risiko für die Organisation darstellen. Mit dieser Grundeinstellung wird sich eine Organisation positiv weiterentwickeln – die Welt gehört den Mutigen!

Das Zusammenspiel von Werten, Prinzipien und Praktiken

Aus den Scrum-Werten können Prinzipien abgeleitet werden, in denen wiederum die Scrum-Praktiken ihren Ursprung haben. Werte, Prinzipien und Praktiken spannen somit den Bogen von den Handlungsmöglichkeiten bis hin zu konkreten Handlungsanweisungen.

In der Scrum-Literatur gibt es keine Einigung darüber, welche agilen Prinzipien das Scrum-Framework ausmachen. Eine große Rolle spielen mit Sicherheit die zwölf Prinzipien des Agilen Manifests, die wir in Kapitel 1, *Einführung*, kurz vorgestellt haben. Tobias Mayer beschreibt in [Mayer 2007] drei Prinzipien und zwei Mechanismen, die er für essenziell hält:

Empirie
In Scrum werden laufend Daten erhoben. Auf der Basis dieser Daten können alle Prozessbeteiligten eine Bewertung des Entwicklungsprozesses und gegebenenfalls Korrekturen vornehmen, die dem laufenden Projekt zugute kommen. Diesem Prinzip des Inspect and Adapt verdankt Scrum den Ruf, in einer vom Wandel geprägten Umgebung wertvolle Ergebnisse zu erzielen.

Emergenz
Dieser Begriff bezeichnet laut Duden »das Auftreten neuer, nicht voraussagbarer Qualitäten beim Zusammenwirken mehrerer Faktoren«. Die Produktentwicklung mit Scrum erfolgt in kleinen Schritten. Anstatt wochenlang Anforderungen zu erheben und Architekturen zu entwerfen, beginnt ein Scrum-Team so früh wie möglich mit der Umsetzung erster Produktfunktionen. Die hier gewonnenen, zu Beginn des Projekts nicht vorhersagbaren Erkenntnisse fließen in die weitere Produktentwicklung ein.

Selbstorganisation
Kleine, interdisziplinäre und selbstorganisierte Teams (drei bis neun Personen) kümmern sich eigenverantwortlich darum, wie sie die vom Product Owner beschriebenen Produktanforderungen umsetzen. Die Entscheidungsfreiheit hinsichtlich der Umsetzung beschränkt sich nicht auf die Wahl der geeigneten Technologien und Architekturen, sondern umfasst auch die Ausgestaltung des Produktentwicklungsprozesses.

Priorisierung
Obwohl der Verstand sagt, dass nicht alle Anforderungen gleichzeitig umgesetzt werden können, gerät mancher Produkt-

verantwortliche immer wieder in die Versuchung, alles für gleich wichtig zu erachten. Erst wenn die Rangfolge der Wichtigkeit klar definiert ist, lässt sich das Produkt Schritt für Schritt in der richtigen Reihenfolge entwickeln. »Richtig« bedeutet hier, dass die aus Kundensicht nützlichsten Funktionen als erste zur Verfügung stehen.

Feste Zeiteinheiten (Timeboxing)
Je größer eine Aufgabe ist, desto schwieriger lässt sich deren Inhalt und Umfang abschätzen. Deshalb werden mit Scrum Produkte in kleinen Zeiteinheiten entwickelt. Die Länge eines Entwicklungszyklus variiert von Projekt zu Projekt (von wenigen Tagen bis zu einem Monat), bleibt innerhalb eines Projekts jedoch konstant. Entsprechend klein müssen die Aufgaben sein, die in diesem Zeitraum erledigt werden. Feste Zeiteinheiten gelten auch für alle Scrum-Meetings.

Das Prinzip der Empirie findet beispielsweise in der Retrospektive seine Anwendung. Diese Scrum-Praktik dient dazu, Erkenntnisse aus dem vergangenen Entwicklungszyklus zu gewinnen und in Verbesserungsmaßnahmen für den folgenden Zyklus umzuwandeln. Dazu bedient sich das Team unter anderem historischer Daten über das Projekt. Solche Daten müssen verfügbar sein, erfordern also eine Informationstransparenz, die dem Prinzip der Offenheit entspricht. Offenheit ermöglicht also ein empirisches Vorgehen, beispielsweise in der Retrospektive: So funktioniert das Zusammenspiel von Werten, Prinzipien und Praktiken.

Handschriftliche Notizen:

Offenheit vs Transparenz
- Lernen aus Fehlern
- Dokumentieren
- in kleinen Steps vorgehen
- Sprechen + dazulernen

KAPITEL 3

Die Mechanik

Im vorigen Kapitel wurde ausführlich auf das Wertesystem von Scrum eingegangen und gezeigt, dass das Verinnerlichen und Vorleben dieser immateriellen Werte eine wichtige Voraussetzung für den erfolgreichen Einsatz von Scrum ist.

Aufbauend darauf steht dieses Kapitel nun ganz im Zeichen der Scrum-Mechanik. Nach einem ausführlichen Überblick über den Gesamtprozess werden die Rollen, Meetings und Artefakte von Scrum detailliert beschrieben und bewertet.

Dabei beschränken wir uns nicht auf die im Scrum Guide benannten Bestandteile, sondern stellen weitere Meetings und Artefakte vor, die sich in der Praxis bewährt und als hilfreich erwiesen haben. Zusammenfassungen und Checklisten am Ende jedes Abschnitts sollen beim Verständnis, der Übertragung in die Praxis und der täglichen Arbeit helfen.

Der Prozess im Überblick

Wie bereits in Kapitel 1, *Einführung*, beschrieben, ist Scrum ein Vorgehensmodell, das für die Entwicklung und Pflege komplexer Produkte geeignet ist. In diese Kategorie fallen die meisten Softwareentwicklungsprojekte.

Scrum konzentriert sich auf den Entwicklungsprozess für ein Produkt mit maximaler Kundenzufriedenheit und Wertschöpfung. Der Entwicklung geht das Produktdesign voraus, das bei einem iterativ-inkrementellen Vorgehen wie Scrum parallel zur Entwicklung fortgeführt wird. Professionelles Produktdesign und -management sind notwendige Voraussetzungen für eine erfolgreiche Produktentwicklung, aber kein Bestandteil des mit Scrum organisierten Prozesses.

Scrum ist ein leichtgewichtiges Framework. Im Kern besteht es aus

- drei Rollen,
- vier Meetings mit festem Zeitrahmen (Timebox),
- drei Artefakten,
- einer Definition of Done.

Die drei Rollen operieren in einem strukturell und zeitlich festgelegten Rahmen, dem Sprint.

Sprints

Scrum ist ein iterativ-inkrementelles Vorgehensmodell. In jeder Iteration, in Scrum »Sprint« genannt, wird ein potenziell auslieferbares Produktinkrement hergestellt. Sprints haben eine einheitliche feste Länge, eine einheitliche innere Struktur und ein definiertes Ergebnis. Die Struktur eines Sprints und die beteiligten Artefakte sind in Abbildung 3-1 dargestellt.

Aus dem Product Backlog wählt der Product Owner vor Beginn eines Sprints jene Backlog Items aus, die er gern im nächsten Sprint umgesetzt haben möchte. Das Entwicklungsteam prognostiziert, welche dieser Backlog Items es umsetzen kann, und nimmt diese in das Sprint Backlog auf. Zu jeder Anforderung, die durch ein Backlog Item beschrieben ist, erstellt das Team eine Liste mit Aufgaben (Tasks), die zur Umsetzung der Anforderung erforderlich sind. Täglich synchronisiert das Entwicklungsteam seine Aktivitäten im Daily Scrum. Am Ende des Sprints ist das Produktinkrement um die Funktionen der in diesem Sprint umgesetzten Backlog Items reicher.

Dauer eines Sprints

Die Länge eines Sprints variiert von Projekt zu Projekt. Dabei reicht die Bandbreite von wenigen Tagen bis zu einem Monat. Innerhalb eines Projekts sollen alle Sprints dieselbe Länge haben, damit sich ein gleichmäßiger Entwicklungsrhythmus einstellt. Verschiedene Untersuchun-

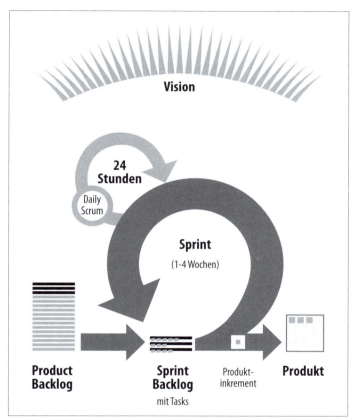

Abbildung 3-1: Der Scrum-Prozess im Überblick

gen haben ergeben, dass dieser wiederkehrende Takt die Leistungsfähigkeit des Teams verbessert. Deshalb wird die Sprint-Länge auch dann nicht verändert, wenn beispielsweise Feiertage oder Urlaubszeiten die effektive Arbeitszeit eines Sprints drastisch verkürzen.

Ein Scrum-Entwicklungsteam gibt seine Prognosen nie auf Basis der kalendarisch zur Verfügung stehenden Arbeitstage ab, sondern berücksichtigt die geplanten Abwesenheiten aller Teammitglieder, z. B. aufgrund von Feiertagen, Urlaub, Schulungen oder Konferenzbesuchen. Außerdem plant es für jedes Teammitglied einen Puffer für das Tagesgeschäft ein, berücksichtigt die Zeit für die Scrum-Meetings (Sprint Planning, Sprint Review und Retrospektive) und fragt den Product Owner zu Beginn eines Sprints, ob und wie lange er einzelne Teammitglieder für die Backlog-Pflege (z. B. im Rahmen von Estimation Meetings) benötigt. Das Team kann entscheiden, dass es weitere Treffen benötigt, um beispielsweise grundlegende Architekturentscheidungen zu treffen oder Refactorings zu planen. Fehler, die in ersten bereits im Einsatz befindlichen Produktversionen auftreten, müssen analysiert und beseitigt werden. All diese Termine und Ereignisse reduzieren die Nettozeit, die für das Bearbeiten der Backlog Items zur Verfügung steht (Tabelle 3-1).

Tabelle 3-1: Einflussfaktoren auf die Nettoarbeitszeit eines Sprints

Fehlzeiten	Termine	Ereignisse	Sonstiges
Urlaub	Sprint Planning	Fehleranalyse und -beseitigung	Austausch mit anderen Teams
Feiertag	Sprint Review		Tagesgeschäft
Krankheit	Retrospektive		Weiterbildung
	Backlog-Pflege (z. B. Estimation Meeting)		Urlaubsübergabe
	Architektur-Workshop		
	Refactoring		

In Anbetracht der obigen Tabelle ist es nachvollziehbar, dass insbesondere unerfahrene Scrum-Teams für möglichst lange Sprints plädieren. Die Erfahrung zeigt aber, dass das Durchlaufen eines kompletten Sprint-Zyklus in nur einer Woche ebenso sinnvoll wie realistisch ist.

Die Frage nach der idealen Sprint-Länge lässt sich nicht pauschal beantworten. Generell gilt, dass Sprints möglichst kurz sein sollten. Je länger ein Sprint, desto weiter muss das Entwicklungsteam bei der Planung in die Zukunft schauen, was die Unsicherheit der Vor-

Sprints auf eine Woche begrenzt

hersage erhöht. Es dauert jedoch auch länger bis zum nächsten planmäßigen Feedback durch PO und andere Stakeholder. Für den Product Owner steigt in kürzeren Sprints der Druck, Entscheidungen herbeizuführen. Ist dieser Druck nicht zu groß, wird er sich positiv auf die Projektgeschwindigkeit auswirken. Auf der anderen Seite gibt es Projekte, die in eine Projekt- oder Linienorganisation mit enormen Vorlaufzeiten (z. B. für Deployments) und langen Entscheidungswegen eingebunden sind. Hier besteht bei zu kurzer Sprint-Länge die Gefahr, dass Backlog Items nicht fertiggestellt werden können, weil das Entwicklungsteam auf Zuarbeit oder Entscheidungen von außerhalb des Projekts angewiesen ist. Als Faustformel für die ideale Sprint-Länge kann sich das Scrum-Team die Frage stellen, wie lange der Kunde bereit zu warten ist, ehe er wieder Anforderungen und Änderungswünsche platzieren kann.

Hat das Scrum-Team wiederholt das Gefühl, dass es mit einem längeren oder kürzeren Sprint erfolgreicher wäre, kann es die Sprint-Länge beginnend mit dem nächsten Sprint anpassen. Was wie ein Widerspruch zu der weiter oben aufgestellten Regel der festen Sprint-Länge aussieht, ist tatsächlich die Anwendung des Inspect-and-Adapt-Prinzips (siehe Kapitel 1, *Einführung*): Scrum verlangt nicht das unreflektierte Befolgen von Regeln, sondern lässt Raum für das Anpassen des Scrum-Frameworks an die Bedürfnisse des Projekts.

Wenngleich der Scrum Guide eine maximale Sprint-Länge von einem Monat definiert, empfehlen wir, die Sprint-Länge im Wochenrhythmus anzupassen. So hat der Sprint immer eine feste Anzahl von Tagen und beginnt stets am selben Wochentag. Das erleichtert den Vergleich der in den Sprints gewonnenen empirischen Daten, um zum Beispiel zu besseren Prognosen zu kommen. Außerdem können die Mitglieder des Scrum-Teams ihre geschäftlichen und privaten Termine besser koordinieren.

Taktung der Sprints

Der vorhergehende Absatz deutete es bereits an: Sprints folgen nahtlos aufeinander. Eine Phase der Ruhe und des Aufräumens brauchen Scrum-Projekte nicht (höchstens am Ende in Form eines Konsolidierungs-Sprints). Am Sprint-Ende ist alles erledigt: Das

Produktinkrement ist benutzbar und wurde vom Product Owner abgenommen. Der hat sich schon während des Sprints Gedanken darüber gemacht, welche Backlog Items er in den folgenden zwei bis drei Sprints unterbringen möchte, und er hat mit dem Entwicklungsteam über diese Backlog Items gesprochen, um ein gemeinsames Verständnis zu entwickeln und die Anregungen und Fragen der Teammitglieder zu sammeln und zu berücksichtigen. Der Scrum Master achtet ohnehin ständig darauf, dass der Projektstatus tagesgenau erhoben und sichtbar gemacht wird. In der Retrospektive hat er gemeinsam mit dem Team Verbesserungspotenziale erarbeitet und bewertet und daraus konkrete Maßnahmen abgeleitet. Diese werden im kommenden Sprint umgesetzt. Somit wartet das gesamte Scrum-Team nur darauf, dass der neue Sprint beginnt.

Sprint Start Di. o - Mi

Unserer Erfahrung nach sollte ein Sprint an einem Mittwoch oder Donnerstag beginnen und dementsprechend an einem Dienstag oder Mittwoch enden. Dann bleibt am Sprint-Ende immer mindestens ein Tag, um das Sprint Review vorzubereiten. Und der nächste Sprint beginnt tatsächlich nahtlos, ohne dass ein Wochenende dazwischenliegt oder nur ein Tag (der Freitag) des neuen Sprints vor dem Wochenende zur Verfügung steht. Ein Sprint Planning am Montag ist nicht immer leicht. Einige Teammitglieder sind gedanklich noch im Wochenende. Andere haben über die zwei freien Tage die Details der Backlog Items vergessen, sodass der Product Owner seine Ideen noch einmal detailliert erläutern muss. Das kostet unnötig Zeit. Deshalb ist es besser, innerhalb der Arbeitswoche den Sprint-Wechsel zu vollziehen, wenn alle in Gedanken beim Produkt sind.

Struktur eines Sprints

Alle Sprints haben nicht nur die gleiche Länge, sondern auch eine identische innere Struktur (Abbildung 3-2). Dieser verlässliche und geschützte Rahmen sorgt dafür, dass sich das Scrum-Team auf die Entwicklung des Produkts konzentrieren kann, anstatt sich ständig Gedanken über den organisatorischen Rahmen machen zu müssen (dass sich das Team trotzdem Gedanken über die optimale Arbeitsorganisation macht, werden wir bei der Beschreibung der Retrospektive sehen).

handwritten: 1. Was — Inhalt   2. Wie — Details/Umsetzung

Abbildung 3-2: Der innere Aufbau eines vierwöchigen Sprints

Jeder Sprint beginnt mit einem Meeting zum Sprint Planning. Diese Veranstaltung dauert acht Stunden bei einem vierwöchigen Sprint, bei kürzeren Sprints wird die Dauer proportional angepasst. Das Sprint Planning ist zweigeteilt.

Im ersten Teil des Sprint Plannings wird die Frage beantwortet, was im kommenden Sprint zu erledigen ist. Der Product Owner stellt eine priorisierte (d.h. nach Relevanz sortierte) Liste von Backlog Items vor und beantwortet Fragen des Scrum-Teams zu diesen Items. Das Entwicklungsteam gibt anschließend eine Prognose darüber ab, wie viele dieser Backlog Items es im kommenden Sprint umsetzen und ausliefern wird. Schließlich legt man gemeinsam ein Sprint-Ziel fest, das als Leitlinie für den Sprint fungiert.

handwritten margin: P.O.

Nachdem im ersten Teil das »Was« geklärt wurde, kümmert sich das Entwicklungsteam im zweiten Teil des Sprint Plannings um das »Wie«. Für jedes Backlog Item werden die notwendigen Aufgaben benannt, um aus der beschriebenen Anforderung ein Produktinkrement herzustellen. Jede einzelne Aufgabe (auch Task genannt) lässt sich in maximal einem Arbeitstag erledigen. Jetzt hat die Sprint-Planung einen Detaillierungsgrad erreicht, der ausreichend ist, um mit der Arbeit zu beginnen.

Nach dem Sprint Planning beginnt das Entwicklungsteam mit der Umsetzung der Aufgaben. Jeden Tag trifft sich das Team für 15 Minuten zum Daily Scrum. Dieses Treffen dient der Synchronisation des Entwicklungsteams; jedes Teammitglied beantwortet im Daily Scrum folgende drei Fragen:

- Was habe ich seit dem letzten Daily Scrum erreicht?
- Was will ich bis zum nächsten Daily Scrum erreichen?
- Was behindert mich in meiner Arbeit?

Während des Sprints setzt das Entwicklungsteam fokussiert die Backlog Items um, indem die zugehörigen Aufgaben nach und nach bearbeitet werden. Die Backlog Items werden möglichst sequenziell von allen Teammitgliedern gemeinsam bearbeitet.

Neben dem Abarbeiten der Aufgaben (Tasks) fallen weitere Aufgaben an, die nicht direkt mit den Backlog Items aus dem Sprint Backlog in Zusammenhang stehen. So wird der Product Owner in Vorbereitung der nächsten Sprints weitere Backlog Items mit ausgewählten oder allen Teammitgliedern besprechen und um eine Größenschätzung bitten. Manchmal müssen neue Technologien evaluiert oder grundlegende Architekturentscheidungen getroffen werden. Vielleicht wurden bereits erste Fehler gemeldet, die es zu analysieren und zu beheben gilt. Trotz allem liegt der Fokus auf dem Bearbeiten des Sprint Backlogs, denn das ist es, was das Entwicklungsteam dem Product Owner zugesagt hat.

Der Sprint endet mit zwei Meetings, in denen die erzielten Ergebnisse präsentiert werden (Sprint Review) und ein Rückblick auf den vergangenen Sprint zur Prozessverbesserung genutzt wird (Retrospektive). Gemeinsam nehmen die beiden Meetings bei einem vierwöchigen Sprint nahezu einen gesamten Arbeitstag ein.

Das Sprint Review dient dazu, die im Sprint erzielten Ergebnisse zu präsentieren. Es dauert bei einem vierwöchigen Sprint vier Stunden, bei kürzeren Sprints wird die Länge proportional angepasst. Der Product Owner lädt zum Sprint Review ein und beurteilt in diesem Meeting, welches der Backlog Items im Sinne der Definition of Done (siehe Abschnitt »Definition of Done« auf Seite 104) fertig ist. Gäste sind beim Sprint Review gern gesehen. So bekommt das Entwicklungsteam eine Chance, seine Arbeit einem breiteren Publikum vorzustellen. Das Feedback aller Teilnehmer kann einen wichtigen Einfluss auf die Weiterentwicklung des Produkts haben. Dieser Blick nach vorn ist vor allem für den Product Owner wertvoll, weil dieser bereits am nächsten (Arbeits-)Tag im Sprint Planning die priorisierte Liste von Backlog Items präsentieren muss. Das Sprint Review hat noch einen weiteren positiven Effekt: Das Entwicklungsteam muss sich überlegen, wie es die Backlog Items bestmöglich präsentiert. Dazu müssen diese tatsächlich fertig sein (eine Präsentation von Screenshots ist unerwünscht), und es muss ein »Drehbuch« geben, das die neuen Funktionen aus der Sicht eines Benutzers darstellt. Ein erfahrenes Team nimmt diesen Perspektivenwechsel vom Entwickler zum Anwender frühzeitig und regelmäßig vor, um Überraschungen bei der Vorbereitung des Sprint Review zu vermeiden und ein für die Anwender nützliches Produkt zu liefern.

Die auf das Sprint Review folgende Retrospektive ist eines der wichtigsten Meetings für das Scrum-Team. Durch eine zeitnahe und regelmäßige Rückkopplung kann der Entwicklungsprozess immer wieder den aktuellen Erfordernissen des Projekts angepasst werden. Dazu trifft sich das Scrum-Team am Ende eines jeden Sprints für drei Stunden (bei einem vierwöchigen Sprint, bei kürzeren Sprints entsprechend kürzer), um die Ereignisse des Sprints Revue passieren zu lassen. Dabei wird kein Aspekt ausgespart: Sowohl die Menschen, die in diesem Sprint miteinander gearbeitet haben, und deren Beziehungen zueinander als auch die Prozesse und die verwendeten Werkzeuge werden kritisch betrachtet. »Was lief gut?« und »Was können wir besser machen?« – das sind die Fragen, die sich das Scrum-Team in der Retrospektive stellt.

Eine Retrospektive muss immer (im Rahmen der Timebox) zu Ende geführt werden, sonst bleibt sie wirkungslos. Das Ergebnis einer Retrospektive sind immer konkrete Verbesserungsvorschläge, für die entweder das Entwicklungsteam oder der Scrum Master verantwortlich ist. Nun wird man nicht alles, was in der Retrospektive an Problemen und Verbesserungsvorschlägen angesprochen wurde, sofort umsetzen können. Wichtig ist aber, dass man die größten Hindernisse aus dem Weg räumt, die erfolgversprechendsten Verbesserungsmaßnahmen auf den Weg bringt und die vermut-

Analyse von Prozessentumgang

lich aufschlussreichsten Experimente startet. Deshalb müssen die erarbeiteten Maßnahmen priorisiert werden. Dann kann man sich gezielt an die Umsetzung jener Maßnahmen machen, die auf der Prioritätenliste ganz oben stehen.

Kaum ist ein Sprint zu Ende, da beginnt am nächsten (Arbeits-)Tag auch schon der nächste mit dem Sprint Planning. In diesem Takt entsteht iterativ-inkrementell ein Produkt, das die künftigen Benutzer Stück für Stück mitgestalten können und dessen Entstehungsprozess vom Team immer wieder optimiert und an die aktuellen Erfordernisse angepasst wird.

Der Sprint als geschützter Raum

Das Product Backlog (die Liste aller fachlichen Anforderungen) ist ein dynamisches Gebilde. Im Laufe der Zeit werden Anforderungen (Backlog Items) verfeinert, korrigiert, vervollständigt, aufgeteilt, neu erzeugt oder gelöscht. Dieses bewegte Leben der Backlog Items hat ein Ende, sobald sie in das Sprint Backlog überführt wurden. Nun dürfen sie nicht mehr verändert werden. Eine Detaillierung der Beschreibung ist natürlich weiterhin zulässig. Wollte der Product Owner aber während des Sprints ein neues Akzeptanzkriterium einführen, das einen Mehraufwand bei der Produktentwicklung zur Folge hat, oder gar ein neues Backlog Item im laufenden Sprint unterbringen, kann das Entwicklungsteam dies ablehnen, weil ansonsten die zu Beginn des Sprints abgegebene Prognose gefährdet ist. Deshalb spricht man in Scrum davon, dass ein Sprint geschützt ist.

Ergebnis eines Sprints

Das Ergebnis eines Sprints ist ein Produktinkrement mit den im Sprint entwickelten neuen Eigenschaften. Dieses Inkrement ist fertig im Sinne der Definition of Done und grundsätzlich benutzbar. Das bedeutet, dass die neue Version des Produkts produktiv eingesetzt werden kann. Diese Forderung nach produktiver Nutzung bleibt auch dann bestehen, wenn der Product Owner sich entscheidet, das Produktinkrement nicht zu veröffentlichen.

Wenn's mal nicht klappt

Sollte der Product Owner feststellen, dass das Sprint-Ziel obsolet geworden ist, darf er den Sprint abbrechen. Das kann beispielsweise passieren, wenn sich das Unternehmen strategisch neu ausrichtet oder wenn sich die Erfordernisse des Markts ändern. Sollten zum Beispiel die Dienste von Facebook an Bedeutung verlieren, wird der Product Owner einen gerade begonnenen Sprint mit dem Ziel der Facebook-Integration abbrechen wollen.

Ein solcher Schritt will wohlüberlegt sein. Der Abbruch eines Sprints wirft einige Fragen auf. So muss der Product Owner entscheiden, was mit den bereits in diesem Sprint implementierten Backlog Items geschehen soll. Er muss außerdem früher als geplant die Backlog Items für den folgenden Sprint vorbereitet haben. Für das Scrum-Team bedeutet der Abbruch eine Störung des gewohnten Takts. Es verliert seinen Rhythmus. Man fühlt sich genau so, als würde man beim Sport oder in der Musik aus dem Takt kommen: Unruhe kommt auf, und man benötigt einige Zeit, um wieder in den Takt zu finden. Je besser (und schneller) es dem Scrum-Team gelingt, den neuen Sprint zu planen, desto geringer werden die Auswirkungen der Störung sein. Trotzdem sollte ein Product Owner, der vor der Entscheidung steht, einen Sprint abzubrechen, reiflich überlegen, ob es nicht besser ist, den Sprint wie geplant zu Ende zu führen. Der (finanzielle) Verlust, der durch die Implementierung nicht benötigter Funktionalität entsteht, ist nicht unbedingt höher als die Kosten, die beim Abbruch des Sprints entstehen – und er ist besser kalkulierbar.

Releases

Die Planung der Sprints reicht nicht aus, um den Stakeholdern einen Ausblick auf die Weiterentwicklung des Produkts zu geben. Zwar hat jeder Sprint ein fachlich motiviertes Ziel, das im Sprint-Ziel beschrieben wird. Die Granularität dieser Ziele ist aber oft zu fein. Stakeholder sind an neuen Funktionen oder Funktionsgruppen interessiert, deren Verfügbarkeit sie auf einem Zeitstrahl abgebildet sehen wollen.

Marktfähige Teilprodukte

Diese Funktionen oder Funktionsgruppen müssen so aufeinander abgestimmt und in das bestehende Produkt integriert werden, dass sie dem Kunden nutzen und von ihm verstanden werden. Die in einem Sprint erarbeiteten Erweiterungen erfüllen diesen Anspruch nicht immer. Deshalb wird der Product Owner die Ergebnisse eines oder mehrerer Sprints zu einem Release zusammenfassen, wenn die Gesamtheit der in diesen Sprints erarbeiteten Funktionen ein marktfähiges Teilprodukt darstellt (Abbildung 3-3).

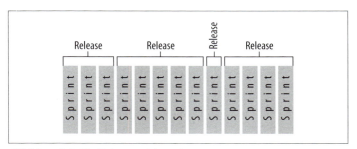

Abbildung 3-3: Ein Release = 1 bis n Sprints

Da jedes Produktinkrement potenziell auslieferbar ist, sind für das Ausliefern eines Releases im Idealfall keine zusätzlichen Aktivitäten erforderlich.

Release-Management

Das Erstellen und Pflegen eines Release-Plans ist Aufgabe des Product Owners. Er trägt die fachliche und finanzielle Verantwortung für das Produkt. Deshalb muss er entscheiden, wann es um welche Funktionen erweitert wird. Dazu stimmt er sich sowohl mit den Stakeholdern und Kunden als auch mit dem Entwicklungsteam ab.

Das Produkt soll die Anforderungen und Wünsche der Stakeholder und Kunden so gut wie möglich erfüllen – wohl wissend, dass sich die Anforderungen mit zunehmendem Wissen und wachsender

Erfahrung, aber auch aufgrund äußerer Umstände im Laufe der (Projekt-)Zeit verändern können. Deshalb wird das Produkt in Scrum inkrementell-iterativ entwickelt. Alle Anforderungen mit Ausnahme derer, die bereits umgesetzt wurden oder gerade umgesetzt werden, können jederzeit an die neuen Bedingungen angepasst oder entfernt werden, und neue Anforderungen können hinzukommen.

Um zu verhindern, dass Arbeit in eine Anforderung investiert wird, die später vielleicht wieder fallen gelassen wird, werden nur jene Anforderungen detailliert beschrieben, die in absehbarer Zeit (in den nächsten ein bis drei Sprints) umgesetzt werden sollen. Die Dynamik des Product Backlogs hat zwangsläufig Auswirkungen auf die Stabilität des Release-Plans. Dementsprechend muss der Product Owner nicht nur das Product Backlog regelmäßig pflegen, sondern auch den Release-Plan entsprechend anpassen.

Um die Anforderungen hinsichtlich Machbarkeit, Kosten und Querbeziehungen zu anderen Anforderungen bewerten zu können, wird der Product Owner das Gespräch mit dem Entwicklungsteam suchen. Hier findet er die Experten, die seine Fragen beantworten können – und neue, wertvolle Fragen stellen. Je länger ein solches Team zusammenarbeitet und je besser es die Domäne des Produkts kennt, desto genauer kann das Team die neue Anforderung bewerten. Dazu bedient es sich der historischen Daten aus vergangenen Sprints.

Die Größe einer Anforderung bewertet das Team immer in einer abstrakten Einheit (meist »Story Points« genannt, manchmal werden auch Gummibärchen dafür zweckentfremdet) in Relation zu bereits umgesetzten Backlog Items. Da das Team seine Velocity (der Durchschnittswert an Story Points, die es je Sprint bearbeiten kann) kennt, kann der Product Owner auf der Basis dieses Werts und in Kenntnis der (in Story Points) geschätzten Größe der Anforderungen eine realistische Release-Planung erstellen. Er wird jedoch immer darauf hinweisen, dass es sich nach wie vor um eine Prognose handelt, die aus den genannten Gründen Änderungen unterworfen sein kann. Es muss dem Product Owner gelingen, die

Erwartungen der Stakeholder so zu lenken, dass sie den Release-Plan als Planungsinstrument und nicht als unveränderliche Wahrheit verstehen.

Der Lohn der kontinuierlichen Anstrengungen des Product Owners ist ein realistischer Plan für eine allzeit zeitgemäße Produktidee.

Scrum und Release-Planung: ein Widerspruch?

Vielfach besteht bei Projekt- und Produktmanagern der Wunsch (und oft auch die Erwartung), man könne, ja müsse, im Produktmanagement verlässliche mittel- und langfristige Aussagen treffen können, um den Stakeholdern und Kunden gegenüber auskunftsfähig zu sein. Diese Grundeinstellung geht von der Annahme aus, dass die Produktentwicklung planbar ist. Das mag auf einige Domänen tatsächlich zutreffen. Scrum kommt jedoch vorwiegend in Domänen zum Einsatz, die sich durch eine hohe Dynamik auszeichnen. In solchen Bereichen ist das unbedingte Festhalten an einem Plan in der Regel nicht zielführend.

Dennoch wird in Scrum-Projekten geplant – woher sonst kommen die historischen Daten, die für die Prognosen im (agilen) Release-Management benötigt werden? Allerdings wird in Scrum ein solcher Plan als dynamisches Gebilde betrachtet, das sich verändern muss, um den Veränderungen in seinem Umfeld Rechnung zu tragen. Die Planung in Scrum ist wertvoll und liefert wichtige Daten. Der Plan ist jedoch »nur« eine Momentaufnahme, die zu jedem Zeitpunkt einen wertvollen, aber nicht unbedingt beständigen Blick in die Zukunft bietet.

Checklisten

Vorbereitung eines Scrum-Projekts

In der folgenden Tabelle bezeichnet das Quadrat den Hauptverantwortlichen für die entsprechende Aufgabe, die Raute kennzeichnet Helfer.

Tabelle 3-2: Vorbereitung eines Scrum-Projekts

Aufgabe	Product Owner	Scrum Master	Entwicklungsteam
Vision finden, und beschreiben	☐		
Anforderungen in Form von Epics grob beschreiben	☐		
Product Backlog eröffnen und mit Anforderungen befüllen	☐		
Ersten Release-Plan definieren	☐		
Sprint-Länge und Wochentag für den Sprint-Beginn festlegen	☐	◇	
Teamraum suchen und ausstatten (u. a. Platz und Material für Taskboard, Impediment Backlog und Burndown Charts)		☐	◇
Definition of Done festlegen	☐	☐	☐
Backlog Items für die ersten zwei bis drei Sprints verfeinern	☐		◇

Sprint-Kalkulator

Tabelle 3-3: Meeting-Länge abhängig von der Sprint-Länge

Sprint-Länge	Sprint Planning	Daily Scrum	Sprint Review	Retrospektive
4 Wochen	8 Stunden	15 Minuten	4 Stunden	3 Stunden
3 Wochen	6 Stunden	15 Minuten	3 Stunden	2 Stunden
2 Wochen	4 Stunden	15 Minuten	2 Stunden	90 Minuten
1 Woche	2 Stunden	15 Minuten	1 Stunde	45 Minuten

Rollen

Scrum kommt mit einem sehr schlanken Rollenmodell aus. Lediglich drei Rollen werden im Scrum Guide benannt und beschrieben: Der Scrum Master, der Product Owner und das Entwicklungsteam. Diese drei Rollen zusammen formen das Scrum-Team.

Daneben werden häufig zwei Metarollen benutzt, die mit einem Augenzwinkern verdeutlichen sollen, wer in welchem Kontext mitreden darf oder lediglich in einer Zuhörerrolle dabei ist.

Die Metarollen (Pigs & Chicken)

Vor der Erläuterung der Scrum-Rollen wird gern eine kleine Geschichte erzählt, die von einem Schwein und einem Huhn handelt. Und die geht so:

Ein Schwein und ein Huhn erwägen, gemeinsam ein Restaurant zu eröffnen. Aber wie soll es heißen? »Lass es uns ›Schinken und Eier‹ (Ham & Eggs) nennen«, schlägt das Huhn vor. »Besser nicht«, antwortet darauf das Schwein, »denn du wärst nur daran beteiligt, ich aber wäre dem ausgeliefert und würde voll und ganz darin aufgehen.«

So wie dem Schwein und dem Huhn in dieser kleinen Geschichte ergeht es auch den verschiedenen Protagonisten rund um ein Scrum-Projekt: Die einen haben sich mit Leib und Seele der Sache verschrieben, gehen ganz darin auf und haften am Ende für den Erfolg – das sind die Schweine (Pigs). Die anderen sind dabei und haben ein berechtigtes Interesse an dem, was passiert. Sie reden gern überall mit, sind aber im Zweifel nicht für den Projekterfolg verantwortlich und im Misserfolgsfall unter Umständen verschwunden – das sind die Hühner (Chicken).

Wozu eine solche Geschichte? Weil sie in bestimmten Situationen die Komplexität reduziert und die Kommunikation vereinfacht. Um fokussiertes Arbeiten sicherzustellen, kann es hin und wieder hilfreich sein, zu klären, wer in der aktuellen Situation die Akteure sind und wer lediglich beteiligt ist. Kennen alle Anwesenden die beiden Metarollen, reicht unter Umständen schon ein Hinweis auf die Geschichte vom Schwein und dem Huhn. Andernfalls ist sie schnell erzählt.

Dazu ein kleines Beispiel: Am Daily Scrum nehmen Besucher (der Product Owner, Manager, Mitglieder anderer Teams des gleichen Projekts, künftige Anwender und andere Stakeholder) teil, um sich aus erster Hand über den Fortschritt im Projekt zu informieren. Dann kann es vorkommen, dass der Product Owner in bester Absicht die Abstimmung des Teams durch Informationen und Entscheidungen unmittelbar unterstützen will oder Manager die Gelegenheit nutzen, um eigene Themen einzubringen. Gäbe es diese kleine Geschichte nicht, wäre es für den Scrum Master in einem solchen Fall möglicherweise sehr aufwendig und kompliziert, jedem Einzelnen zu erklären, warum er in diesem kurzen Meeting lediglich zuhören darf. Weiß jedoch jeder, welche Metarolle er gerade einnimmt, bedarf es keiner langen Diskussionen, um dem Entwicklungsteam im Daily Scrum ein fokussiertes Arbeiten zu ermöglichen und alle anderen Abstimmungen in die Zeit nach dem Meeting zu verlagern.

Das Entwicklungsteam

Das Entwicklungsteam (engl. Development Team) ist für das *WIE* verantwortlich.

Die empfohlene Größe für ein Entwicklungsteam in Scrum liegt nach aktuellem Scrum Guide zwischen drei und neun Mitgliedern, wobei sieben Mitglieder allgemein als ideal angesehen wird. Scrum Master und Product Owner werden dabei nicht mitgezählt, es sei denn, sie arbeiten aktiv an der Umsetzung des Sprint Backlog mit. Diese Größe ist in zweierlei Hinsicht vorteilhaft:

Ein Team dieser Größe verfügt in der Regel über alle erforderlichen Skills, um nahezu jeden Aspekt des Produkts/der Anforderungen selbstständig planen, bearbeiten und erfolgreich umsetzen zu können. Man spricht dann von einem funktionsübergreifenden (cross-functional) Team. Dieser Anspruch, ohne äußere Unterstützung im Verlauf des Sprints ein potenziell auslieferbares Produktinkrement zu erstellen und zu liefern, bestimmt die minimale Anzahl an Teammitgliedern.

Sobald das Team eine bestimmte Größe überschreitet, fällt überproportional mehr Aufwand für die innere und äußere Kommunikation an. Und in Scrum-Projekten muss viel kommuniziert werden (»Individuen und Interaktionen mehr als Prozesse und Werkzeuge« und »Zusammenarbeit mit dem Kunden mehr als Vertragsverhandlung«, siehe das Agile Manifest)! Bis zu einer Größe von etwa neun Mitgliedern bleiben Koordinations- und Kommunikationsprozesse innerhalb des Teams jedoch beherrschbar. Abstimmungen können auf schnellen, direkten Wegen stattfinden.

In Entscheidungsprozesse können noch alle Mitglieder einbezogen werden, und Informationen verbreiten sich ohne großen organisatorischen Aufwand. Diesen Zustand kennt man auch als »Kaffeeküchen-Kultur«. Somit bestimmt das Maß an Komplexität für die Koordination von Zusammenarbeit und Kommunikation die maximale Teamgröße in Scrum-Projekten.

Das Entwicklungsteam in Scrum verantwortet das technische Design, die technische Architektur und letztlich die konkrete technische Umsetzung der Anforderungen. Es trägt die Verantwortung dafür, dass das entstehende Produkt flexibel und änderbar bleibt. Die äußere und die innere Qualität des Produkts sind für ein solches Entwicklungsteam nicht verhandelbar. Im Gegenteil: Das Team setzt alles daran, um in jedem Sprint Produktinkremente zu entwickeln, die der Product Owner jederzeit nach dem Sprint Review ohne weitere Nacharbeiten ausliefern kann. Dazu folgt das Team seiner Definition of Done, die detailliert festlegt, wann ein Backlog Item als umgesetzt (*Done*) angesehen werden kann und wann das gesamte Produktinkrement den *Done*-Status erreicht hat. Die Definition of Done passt es kontinuierlich den Erfordernissen des Projekts an und arbeitet Erfahrungen aus der täglichen Arbeit und den Sprint Reviews sowie Erkenntnisse aus Retrospektiven ein.

Scrum-Entwicklungsteams arbeiten eng mit dem Product Owner zusammen und unterstützen ihn bei seiner Arbeit, indem sie zum Beispiel für fachliche Fragestellungen Entscheidungsvorlagen erarbeiten. Gibt es mehrere Lösungsansätze, wie man eine Aufgabe oder ein Problem umsetzen kann, fragt das Team selbstständig nach und bereitet das Für und Wider der einzelnen Optionen für eine Entscheidungsfindung auf. Mögliche Kriterien können zum Beispiel der Aufwand oder die Komplexität der Varianten, Risikoaspekte hinsichtlich der einzusetzenden Technologie oder die Benutzerfreundlichkeit sein. Das gilt sowohl für Fragen, die innerhalb des Sprints zu entscheiden sind, als auch für solche, die die technische Umsetzbarkeit der von Kunden gewünschten Funktionalitäten betreffen. Diskussionen mit dem Product Owner oder dem Kunden über Anforderungen und deren Umsetzbarkeit werden im fachlichen Kontext geführt, ohne sich in einer Vielzahl technischer Details zu verlieren. Bei dieser Kommunikation benutzt das Team die Sprache und die Begrifflichkeit der fachlichen Domäne des Produkts, das heißt, es spricht die Sprache des Product Owners. Risiken und Probleme bei der Planung und Umsetzung der Anforderungen kommuniziert es offen, ehrlich und frühzeitig.

Niemand, auch nicht der Scrum Master, schreibt dem Entwicklungsteam vor, was zu tun ist, um das Sprint-Ziel zu erreichen und ein potenziell auslieferbares Produktinkrement zu entwickeln, stattdessen organisiert das Team sich selbst. Dabei folgt es der Produktvision. Gemeinsam wird ein Plan erarbeitet, um die Backlog Items umzusetzen und das neue Produktinkrement zu entwickeln. Alle Mitglieder handeln eigenverantwortlich, übernehmen gemeinsam die Organisation der Arbeit, planen und verteilen die anstehenden Aufgaben und kommunizieren auf direkten, kurzen Wegen. Im Team wird entschieden, wer wann welche Aufgabe übernimmt, wer mit wem zusammenarbeitet und was es bedeutet, dass etwas fertig ist (im Sinne der Definition of Done). Die sich ergebenden Synergien optimieren die Effizienz und Effektivität des Entwicklungsteams und können zu einem emergenten Zustand führen. Das Team als Ganzes verfügt dann über Möglichkeiten und Eigenschaften, die über die Summe der Fähigkeiten und Fertigkeiten der Einzelnen hinausgehen.

Eine entscheidende Grundvoraussetzung dafür, dass Selbstorganisation gelingen kann, ist Vertrauen – das Vertrauen jedes Einzelnen in die eigenen Fähigkeiten und Fertigkeiten, in die eigene Courage und in die anderen Mitstreiter im Team. Ebenso braucht es das Vertrauen des Managements, dass dieses Team alles tun wird, um das bestmögliche Produkt zu entwickeln, ohne dass es von außen permanent kontrolliert und gesteuert wird. Soll Scrum funktionieren, ist es unabdingbar, über die reine Mechanik hinauszugehen und sich mit dem ebenso einfachen wie wirkungsvollen agilen Wertesystem auseinanderzusetzen (siehe Kapitel 2, *Die Werte*).

Unabhängig davon, welche Arbeit der Einzelne übernimmt, gibt es innerhalb eines solchen Entwicklungsteams laut Scrum Guide lediglich eine Rollenbezeichnung: Entwickler (Developer). Was zuerst wie Gleichmacherei klingt, hat einen tieferen Sinn. Das Entwicklungsteam ist bewusst cross-funktional zusammengestellt mit dem Ziel, dass die einzelnen Teammitglieder ihre unterschiedlichen Fähigkeiten und Fertigkeiten einbringen und sich unter Umständen auf einzelne Aufgabenfelder spezialisieren. Dennoch gibt es keine Teilteams wie Tester oder Businessanalysten. Und am Ende liegt die Verantwortung für sämtliche Aufgaben im Sprint beim gesamten Entwicklungsteam, unabhängig davon, wer sie mit seinen speziellen Skills umgesetzt hat. Das soll diese einheitliche Rollenbezeichnung noch einmal verdeutlichen. So tut das Entwicklungsteam alles, was erforderlich ist, um die Kundenwünsche zu erfüllen und das Sprint-Ziel zu erreichen.

Zusammenfassung

Was zeichnet ein gutes Entwicklungsteam aus?

- Es brennt für sein Produkt.
- Es fragt selbstständig nach.
- Es bereitet gute Entscheidungsgrundlagen vor.
- Es spricht mit dem Product Owner in der Sprache der fachlichen Domäne.
- Es ist offen und ehrlich.

Was passt *nicht* zur Teamrolle bzw. behindert das Entwicklungsteam?

- Es schreibt Fachkonzepte.
- Es lässt sich von Product Owner oder Scrum Master seine Arbeitsweise vorschreiben.
- Es berichtet dem Scrum Master und/oder dem Product Owner im Daily Scrum.
- Es vernachlässigt die Pflege der Burndown Charts und des Sprint Backlogs.
- Es verwechselt ungestörtes Arbeiten während des Sprints mit Sitzen im Elfenbeinturm.

Der Product Owner

Der Product Owner ist für das *WAS* verantwortlich.

Er hat eine Vision des Produkts, die er mit allen am Projekt Beteiligten teilt. Dabei ist immer wieder deutlich zu spüren, dass er für sein Produkt brennt und mit dieser Begeisterung alle anderen ansteckt, mitnimmt und einlädt, mitzudenken und sich einzubringen.

Ihm gehört das Produkt, und er besitzt im Idealfall das Geld. Das bedeutet vor allem, dass er fachliche Entscheidungen fundiert und schnell treffen kann und darf. Diese Kompetenz ist unabdingbar, weil in Scrum Details des Produktinkrements erst genau dann endgültig festgelegt und entschieden werden, wenn der aktuelle Kenntnisstand und der Grad der Umsetzung es erlauben und erfordern. Deshalb braucht es einen Product Owner, der weiß, was er will, und der mit allen Vollmachten seitens des Kunden und des Managements ausgestattet ist. Soll die Arbeit des Product Owners erfolgreich sein, muss also die gesamte Organisation seine Entscheidungen respektieren und mittragen.

Das Hauptaugenmerk des Product Owners liegt darauf, mit jedem Sprint den Geschäftswert des Produkts maximal zu erhöhen, die für Kunden und Anwender wichtigsten Funktionen zuerst zu entwickeln und die Kapazität des Entwicklungsteams so umfassend wie möglich für diese Ziele einzusetzen, denn am Ende verantwortet er auch die Kapitalrendite (Return on Investment, ROI) der Produktentwicklung. Deshalb ist er der Einzige, der mit dem Team plant, an welchen Anforderungen und Aufgaben gearbeitet wird. Das bedeutet, dass niemand sonst dem Team Aufgaben übertragen darf und dass das Entwicklungsteam selbst darauf achtet, dass der Product Owner sein einziger Ansprechpartner ist, wenn es um Arbeitsanweisungen geht.

Der Product Owner ist Eigentümer und damit einziger Verantwortlicher für die Pflege des Product Backlogs. Im Scrum Guide sind die Aufgaben beschrieben, die das Product Backlog Management beinhaltet:

- Eine klare Formulierung der Einträge im Product Backlog.
- Die Anordnung oder Sortierung der Einträge in der gewünschten Umsetzungsreihenfolge, sodass die Ziele des Vorhabens optimal unterstützt und erreicht werden.
- Sicherstellen, dass das Entwicklungsteam mit seiner Arbeit Geschäftswert schafft.
- Sicherstellen, dass das Product Backlog für alle Beteiligten einsehbar, transparent und verständlich ist und dass jeder erkennen kann, woran das Scrum-Team als Nächstes arbeiten wird.
- Sicherstellen, dass das Entwicklungsteam die Einträge im Product Backlog im erforderlichen Maße versteht.

Diese Arbeiten kann der Product Owner allein erledigen oder teilweise oder ganz an das Entwicklungsteam delegieren. Wie auch immer er die Arbeit aufteilt: Die Verantwortung für das Product Backlog Management bleibt bei ihm.

Auf Basis des Product Backlogs erstellt der Product Owner eine Release-Planung, die über die nächsten Iterationen hinausreicht und prognostiziert, wie sich das Produkt in den nächsten sechs bis zwölf Monaten weiterentwickeln wird.

Gemeinsam mit dem Entwicklungsteam arbeitet er kontinuierlich daran, die fachlichen Anforderungen so weit zu verfeinern, dass sie innerhalb der Sprints eingeplant und umgesetzt werden können. Dazu sucht er beständig die Kommunikation mit dem Entwicklungsteam, das er als gleichwertigen Partner begreift. Das heißt, Product Owner und Entwicklungsteam arbeiten auf Augenhöhe eng zusammen, um die Vision greifbare Wirklichkeit werden zu lassen.

Nach jedem Sprint nimmt der Product Owner im Sprint Review anhand der für die Backlog Items formulierten Akzeptanzkriterien die Ergebnisse ab und überarbeitet auf Basis der aktuellen Ergebnisse und des Entwicklungsfortschritts sowohl das Product Backlog als auch die Release-Planung.

Der Product Owner ist nicht nur eine Rolle, sondern in Scrum möglichst auch genau eine Person. Er kann die Ziele und Anforderungen mehrerer Interessenten und Interessengruppen bündeln und hinter sich vereinen. Für das Team (und den Kunden) bleibt er jedoch der zentrale und einzige Ansprechpartner, wenn es um fachliche Entscheidungen zum Produkt und Änderungen im Product Backlog geht. Schaut man jedoch genau hin, so wird deutlich, dass der Product Owner eine Rolle mit mindestens zwei Gesichtern ist. Das dem Kunden und anderen Stakeholdern zugewandte Gesicht nimmt die Anforderungen auf und ordnet und bewertet sie anhand der Vision. Das dem Team zugewandte Gesicht diskutiert und bewertet die Anforderungen mit den technischen Experten bezüglich ihrer Umsetzbarkeit auf Basis des aktuellen Entwicklungsstands und unterstützt während der Umsetzung mit fachlichen Entscheidungen. Aufgrund dieser Orientierung in zwei nahezu entgegengesetzte Richtungen stellt sich der Product Owner bei hoher Arbeitsbelastung unter Umständen die Frage, auf welchen dieser Aspekte er sich fokussieren soll und welchem er gegebenenfalls weniger Aufmerksamkeit schenken kann. Da jedoch keine der beiden Seiten vernachlässigt werden darf, kann es in solchen Fällen in der Praxis sinnvoll sein, die Rolle des Product Owners in diese beiden Teilaspekte aufzuteilen und getrennt zu besetzen. Das erfordert dann jedoch ein erhöhtes Maß an Abstimmung zwischen den beiden Rolleninhabern und eine klare Festlegung, bei wem von beiden die endgültige fachliche Entscheidungshoheit liegt, um gegenüber Team und Kunde dennoch mit einer Stimme zu sprechen.

Zusammenfassung

Was zeichnet einen guten Product Owner aus?

- Er brennt für sein Produkt.
- Er kann Fragen zum Produkt beantworten.
- Er darf Entscheidungen treffen.
- Er begreift das Team als gleichwertigen Partner.
- Er kann und mag kommunizieren.

Was passt *nicht* zur Product-Owner-Rolle bzw. erschwert deren Wahrnehmung?

- Er übernimmt die Chefrolle für das Team.
- Er moderiert das Daily Scrum oder redet dort ungefragt.

- Er verändert während des Sprints das Sprint Backlog.
- Er versucht, gleichzeitig der Scrum Master zu sein.
- Er nimmt seine Aufgabe nur am Anfang und am Ende eines Sprints wahr.
- Er arbeitet mit mehreren Teams oder in mehreren Projekten.
- Er arbeitet im Projekt gleichzeitig als Teammitglied.

Der Scrum Master

Der Scrum Master ist für *ALLES* verantwortlich.

Die Rolle des Scrum Masters ist die wohl vielschichtigste innerhalb des Scrum-Teams. Sie erfordert ein sehr breites Spektrum an Erfahrungen, Fähigkeiten und Fertigkeiten, das von der Scrum-Expertenrolle bis hin zu Mediation und persönlichem Coaching reicht. Dennoch wird diese Rolle gern unterschätzt.

Der Scrum Master als Experte für den Scrum-Prozess unterstützt das Scrum-Team bei der Einhaltung der wenigen Regeln. Er schafft den Rahmen und den Raum, in dem sich das Entwicklungsteam selbstorganisiert bewegt. Er behält die Pflege der Burndown Charts und des Sprint Backlogs im Blick, achtet auf die regelmäßige Durchführung der Meetings und die Einhaltung der Timeboxen und sorgt so für einen alles überlagernden und durchdringenden Rhythmus, den Herzschlag von Scrum.

Ein Scrum Master ist auch eine Führungskraft. Er agiert als Servant Leader (vgl. [Greenleaf]) und führt, indem er dem Entwicklungsteam dient und sich den Respekt der Teammitglieder erwirbt. Er unterstützt bei der Selbstorganisation und hilft bei der Bewältigung der Arbeit, ohne jedoch Aufgaben zuzuweisen oder zu verteilen. Er sorgt dafür, dass das Entwicklungsteam und der Product Owner eng zusammenarbeiten und sich regelmäßig abstimmen, und hilft beiden Seiten, ihrer Verantwortung im Prozess gerecht zu werden.

Als Trainer des Entwicklungsteams vermittelt er immer wieder wohldosiert Wissen über den Prozess und wacht so über das

»Scrum-Bildungsniveau«, denn es ist einfacher, etwas zu tun, wenn man um die Hintergründe weiß.

Ein Scrum Master schützt sein Team vor unberechtigten Eingriffen von außen und sichert so ungestörtes Arbeiten während der Sprints. Auftauchende Probleme und Hindernisse, die eine Erreichung des Sprint-Ziels gefährden oder das Team blockieren können, greift er auf und beseitigt sie umgehend. Diese im Scrum-Vokabular *Impediments* genannten Probleme können von ganz unterschiedlicher Art sein. Im Folgenden ist eine kleine Auswahl aufgelistet, die keinen Anspruch auf Vollständigkeit erhebt:

- Beschaffung leistungsfähiger Hardware
- Freigabe von Zugriffsrechten
- Beschaffung von Lizenzen
- Infrastrukturprobleme
- Aufstellen einer Kaffeemaschine
- Klärung von Kommunikationswegen
- Abschirmung einzelner Teammitglieder gegen externe Zugriffe
- Herstellen von Kontakten zu externen Experten
- Bestellung und Beschaffung von Moderationsmaterial
- Organisation von Meeting- und Teamräumen

In jedem Fall gilt: Hindernisse werden beseitigt und nicht verwaltet! Dabei kann der Scrum Master durchaus unkonventionelle Wege beschreiten und dabei auch einmal Regeln umgehen oder brechen, wenn er auf andere Weise nicht zum Ziel kommt.

Ein Beispiel: Sind im eigenen Unternehmen die Versammlungsräume ständig belegt oder nur unzuverlässig verfügbar, kann der Scrum Master auch externe Räume anmieten, zum Beispiel in einem Tagungshotel, und dort die Scrum-Meetings abhalten. Das sorgt zum einen für plötzliche Aufmerksamkeit beim Management, zum anderen kann er so die nötige Ruhe und Kontinuität für die Meetings des Teams schaffen.

In einer Vielzahl von Fällen braucht es zur Auflösung dieser Hindernisse Unterstützung aus der Organisation oder Freigaben seitens des Managements. Deshalb ist es von Vorteil, wenn der Scrum Master in der Organisation gut vernetzt ist und sich der Unterstützung seitens des Managements sicher sein kann. Dabei kann ihm helfen, dass er innerhalb des Unternehmens eine klassische Führungsrolle wie Team- oder Abteilungsleiter innehat, denn damit ist in der Regel ein besserer Zugang zu Ressourcen und zum Management verbunden. Das verlangt von ihm jedoch auf der anderen Seite ein hohes Maß an Disziplin und Selbstreflexion bei der Arbeit mit dem Team, damit es ihm trotzdem gelingt, als Servant Leader dem Team zu dienen und den Freiraum für dessen Selbstorganisation zu schaffen und zu verteidigen.

Der Scrum Master übernimmt die Rolle des Moderators. Er sorgt dafür, dass die Meetings vorbereitet sind und effektiv und partizipativ ablaufen. Er gibt ihnen einen Rahmen und hilft zum Beispiel mit Metaphern, Simulationen, Skizzen an Whiteboard oder Flipchart und vielen offenen Fragen, zum Kern des Themas oder zu einer Lösung vorzudringen. Im Laufe eines Meetings achtet er darauf, dass jeder zu Wort kommt, bremst die Extrovertierten, fordert die Introvertierten und verschafft ihnen Raum. Dabei hat er ein Gespür dafür, wann er sich einbringen und wann besser zurückhalten sollte.

Darüber hinaus ist ein Scrum Master auch Coach, Mediator und Therapeut. Bei Konflikten greift er vermittelnd und schlichtend ein und hilft, die Situation zu bewältigen. Er sorgt dafür, dass sich das Scrum-Team realistische Ziele steckt, ohne es dabei zu bevormunden. Dazu gehört auch, dass von allen Beteiligten eine nachhaltige Geschwindigkeit (Sustainable Pace) etabliert wird, dass also »Auftraggeber, Entwickler und Benutzer [...] ein gleichmäßiges Tempo auf unbegrenzte Zeit halten können« (Agiles Manifest). Im Rahmen von Vieraugengesprächen, die er mit allen Teammitgliedern regelmäßig führt, lernt der Scrum Master die Teammitglieder und deren Wünsche und Befindlichkeiten besser kennen. Da er solche Gespräche mit allen Teammitgliedern führt, fühlt sich niemand übergangen oder als Problemfall abgestempelt.

Eine wichtige Aufgabe des Scrum Masters ist die Unterstützung der Arbeit des Product Owners. Das kann bedeuten, gemeinsam Wege und Techniken zur effektiven Pflege und Verwaltung des Product Backlogs zu finden und zu etablieren. Der Scrum Master kann dem Product Owner und dem gesamten Scrum-Team auch vermitteln, wie man klar und schlüssig Backlog Items erstellt und Akzeptanzkriterien formuliert. In einem größeren Kontext vermittelt er dem Product Owner ein Verständnis für Agilität und hilft ihm, sie aktiv zu leben. So kann der Scrum Master die Kommunikation zwischen Entwicklungsteam und Product Owner fördern und klären, wie man Release-Planung und -Management in einem empirischen und agilen Arbeitsumfeld leben und zum Vorteil des Produkts nutzen kann.

Innerhalb der Organisation agiert ein Scrum Master als Scrum-Evangelist. Er trägt Scrum über die Grenzen seines Teams hinaus ins Unternehmen. Er führt und coacht die Organisation bei der Schaffung eines agilen Umfelds für die Teams, plant Scrum-Einführungen und unterstützt auf allen Ebenen des Unternehmens dabei, Scrum und empirische Produktentwicklung besser zu verstehen und anzuwenden. Dabei arbeitet er eng mit anderen Scrum Mastern zusammen, um den effektiven Einsatz von Scrum im Unternehmen voranzutreiben und so Veränderungsprozesse anzustoßen, die sich positiv auf die Leistungsfähigkeit und Produktivität der Scrum-Teams auswirken.

Zusammenfassung

Was zeichnet einen guten Scrum Master aus?

- Er schützt sein Team.
- Er beseitigt Hindernisse.
- Er wacht über den Prozess.
- Er fördert die Kommunikation und moderiert die Meetings.
- Er strebt maximalen Nutzen und ständige Optimierung an.
- Er unterstützt den Product Owner bei dessen Arbeit.
- Er trägt Scrum in die Organisation und hilft, ein agiles Umfeld zu schaffen
- Er ist freundlich zu Menschen, aber hart zu Problemstrukturen.

Was passt *nicht* zur Scrum-Master-Rolle bzw. erschwert deren Wahrnehmung?

- Er übernimmt die Chefrolle für das Team.
- Er gibt Anweisungen dazu, wer welche Arbeit auf welche Weise zu erledigen hat.
- Er arbeitet gleichzeitig als Product Owner.
- Er arbeitet mit mehreren Entwicklungsteams.
- Er arbeitet selbst (z. B. als Entwickler) im Team mit. Dadurch können Rollen- und Interessenkonflikte entstehen.
- Er ist der Vorgesetzte des Entwicklungsteams. Auch das kann zu Konflikten führen und erfordert ein hohes Maß an Disziplin und Reflexion. Bei der Beseitigung von Hindernissen kann sich eine Führungsposition jedoch auch positiv auswirken.

Das Scrum-Team

Die drei Scrum-Rollen zusammen bilden das Scrum-Team. Nur in enger Verflechtung und Zusammenarbeit aller drei Rollen können Produkte mit Scrum erfolgreich und nachhaltig entwickelt werden. Keine der Rollen wiegt schwerer als die anderen, auf keine kann im Prozess verzichtet werden. Das Scrum-Team ist, ebenso wie das Entwicklungsteam, selbstorganisiert. Es bestimmt selbst, wie es seine Arbeit erfolgreich organisiert, statt sich von außen steuern und lenken zu lassen. Das Scrum-Team ist das emergente System, das am Ende mehr hervorbringt als die Summe seiner Teile.

Sehr schön illustriert das die Formel-1-Metapher: Der Rennwagen wird dabei vom Team verkörpert. Er ist auf dem aktuellsten Stand der Technik, ist optimiert und in einem perfekten Zustand. Die beste Voraussetzung, um ein Rennen zu gewinnen! Dass das so bleibt, dafür sorgt der Scrum Master, der als Mechaniker in der Boxengasse den Wagen betreut, wartet und betankt. Der Rennfahrer jedoch ist der Product Owner. Er ist derjenige, der das geballte Potenzial auf die Strecke bringen kann. Er sitzt hinter dem Steuer, korrigiert immer wieder den Kurs, umfährt geschickt so manche Schikane und muss bereit und willens sein, das Rennen siegreich zu beenden.

Weitere Rollen

Rund um ein Scrum-Projekt gibt es noch eine Reihe weiterer Rollen, die nicht Teil des Scrum-Teams sind, am Erfolg des Projekts jedoch allesamt ein Interesse haben und für den Erfolg unter Umständen von ganz entscheidender Bedeutung sein können. Im Folgenden einige Beispiele:

Anwender

Die künftigen Anwender des Produkts sind wichtige Gesprächspartner sowohl für den Product Owner als auch für das Entwicklungsteam. Oft haben sie einschlägige Erfahrungen mit vergleichbaren oder mit Vorgängerprodukten. In jedem Fall kennen sie die Prozesse und Anforderungen, die durch das neue Produkt abgedeckt werden sollen, sehr genau. Am Ende sollen sie das zu entwickelnde Produkt in ihrem Arbeitsalltag erfolgreich zum Einsatz bringen. Deshalb haben sie oft sehr konkrete Vorstellungen und Erwartungen, weshalb es sich lohnt, die Anwender frühzeitig in die Arbeit am Produkt einzubeziehen (zum Beispiel durch Befragungen und Interviews, Sneak Previews, frühe Anwendertests und Einladung zu den Sprint Reviews) und ihnen funktionsfähige Produktstände vorzustellen.

Kunden

Der Kunde wird im Prozess durch den Product Owner repräsentiert, er ist und bleibt jedoch einer der wichtigsten Stakeholder rund um das Scrum-Projekt. Er ist Auftrag- und Geldgeber. Für ihn wird das Produkt entwickelt. So kann es hilfreich und nützlich sein, den Kunden so oft es geht in die Feedback-Zyklen z. B. während der Sprint Reviews einzubeziehen und frühzeitig funktionsfähige Stände des Produkts an ihn auszuliefern.

Manager

Manager sind oft wichtige Ansprechpartner für den Scrum Master, wenn es um die Beseitigung von Hindernissen geht. Wann immer dazu Investitionsentscheidungen erforderlich sind, zum Beispiel für die Einstellung neuer Mitarbeiter, Beschaffung neuer Hard- und Software, Bereitstellung von Teamräumen oder Durchführung von Trainings, kommt das Management ins Spiel.

Projektleiter

Der Projektleiter ist ebenfalls keine Rolle innerhalb des Scrum-Teams. Teilaspekte dieser Rolle werden von Product Owner und Scrum Master übernommen. Im Gesamtkontext großer Projekte und klassischer Organisationen trifft man jedoch noch häufig zum Beispiel auf Teil- oder Gesamtprojektleiter. Das rührt unter Umständen daher, dass Scrum, wie schon an anderer Stelle beschrieben, nur einen Teil des Gesamtlebenszyklus des Projekts abdeckt. Deshalb werden notwendige vor- und nachgelagerte Phasen der Produktentwicklung auf andere Weise organisiert, was zu zusätzlichen Rollen und Verantwortlichkeiten führt. Um den berechtigten Interessen des Gesamtprojekts an Statusinformationen so agil wie möglich nachzukommen, kann man diese Projektleiter zu den regelmäßigen Meetings wie Daily Scrum und Sprint Review als Zuhörer einladen.

Meetings

Der Scrum Guide beschreibt eine Reihe von Meetings, die möglichst alle Bedürfnisse rund um den Prozess abdecken und den Bedarf an anderen, nicht in Scrum definierten Zusammenkünften minimieren sollen. Einige dieser Meetings finden nur einmal oder bei Bedarf statt. Andere hingegen wiederholen sich in einem festen Raster und sorgen so für einen Rhythmus, den Herzschlag von Scrum. Diese regelmäßigen Meetings sollten möglichst immer am selben Ort und am gleichen Wochentag zur gleichen Zeit stattfinden. Das macht es für alle Beteiligten leichter, sich diese Termine zu merken und frei zu halten, und sorgt für einen gewissen Automatismus, der den Fokus weg vom Organisatorischen und hin zu den fachlichen Inhalten lenkt.

Alle diese Meetings finden innerhalb einer festen Timebox statt, also in einem fest definierten, begrenzten Zeitrahmen. Das sorgt dafür, dass für die anstehende Aufgabe eine wohlbemessene Zeit zur Verfügung steht, einer Zeitverschwendung jedoch vorgebeugt wird. Die Timebox fördert und fordert, dass alle Teilnehmer konzentriert, ergebnisorientiert und fokussiert bei der Sache sind.

Jedes Meeting bietet die Möglichkeit zur Reflexion, enthält also Aspekte von Inspect and Adapt. Jede Gelegenheit, über den Inhalt oder die Form zu reflektieren und Verbesserungspotenziale zu finden, sollte genutzt werden, denn Scrum lebt und entwickelt sich durch kontinuierliche Verbesserung und Anpassung an die aktuellen Gegebenheiten.

In einer der ersten Retrospektiven erarbeitet das Entwicklungsteam zusammen mit dem Scrum Master seine eigenen Regeln für die Zusammenarbeit in Meetings, auf die wir im Abschnitt »Regeln für die Zusammenarbeit« auf Seite 117 ausführlich eingehen.

In diesem Kapitel werden die Scrum-Meetings in einer Reihenfolge behandelt, die der Abfolge im Projekt oder im laufenden Sprint entspricht. Neben den vier im Scrum Guide empfohlenen Meetings werden weitere beschrieben, die sich in der Praxis bewährt haben. Welche das sind, wird an entsprechender Stelle explizit hervorgehoben.

Checkliste für alle Meetings

- ☐ Ist ein genügend großer Raum reserviert?
- ☐ Wurden rechtzeitig Einladungen an alle erforderlichen und optionalen Teilnehmer verschickt?
- ☐ Sind alle erforderlichen technischen Voraussetzungen gegeben (Beamer, Netzwerkzugänge, ...)?
- ☐ Wer kann so schnell und problemlos helfen, wenn technisch etwas nicht funktioniert?
- ☐ Ist erforderliches Moderationsmaterial in ausreichender Menge vorhanden?
- ☐ Ist allen klar, worauf es in der kommenden Timebox ankommt?
- ☐ Hängen die Regeln für die Zusammenarbeit deutlich sichtbar im Raum und wurden noch einmal kurz abgestimmt?

Produktvision teilen

Produktvision teilen ist ein Meeting, das im Scrum Guide nicht beschrieben wird, sich aber als nützlich erwiesen hat. Es markiert den Start eines Projekts oder einer Produktentwicklung und wird in der hier beschriebenen oder in ähnlicher Form auch als Kick-off-Meeting bezeichnet.

Der Product Owner holt zu Beginn des Projekts all jene Mitarbeiter zusammen, die künftig voraussichtlich an der Entwicklung des Produkts beteiligt sein werden. Dazu gehören zum Beispiel

- das Entwicklungsteam,
- der Scrum Master,
- künftige Anwender und Key User,
- Vertreter aus Support und IT-Betrieb,
- Vertreter aus dem Produktmanagement,
- Vertreter der Vertriebs- und Marketingabteilungen.

Diesem Personenkreis stellt er die Vision (siehe Abschnitt »Vision« auf Seite 105) des Produkts vor. Dabei kommt es vor allem darauf an, dass er selbst an diese Vision glaubt und dafür brennt, denn nur so kann es ihm gelingen, auch andere für das zu entwickelnde Produkt zu begeistern. Genau das ist das Ziel dieses Meetings: bei all jenen, die in den kommenden Wochen und Monaten bei der Entwicklung des neuen Produkts eng zusammenarbeiten werden, Motivation, inneren Antrieb und Begeisterung für die Sache zu wecken und sie zum Mitdenken einzuladen und anzuregen.

Warum dieser Aufwand rund um die Vision? Weil sie das Einzige ist, das in einem agilen Projekt stabil bleibt. An ihr orientieren sich alle Entscheidungen, die im Laufe der Entwicklung des Produkts getroffen werden müssen. Sie steckt den Rahmen ab, ist Leitschnur und gibt die strategische Ausrichtung vor. Deshalb kann es sinnvoll sein, der Vision eine materielle Form zu geben, sodass man sie mitnehmen kann und im Teamraum oder direkt am Arbeitsplatz immer vor Augen hat – vielleicht als Poster, als Bildschirmhintergrund, als Mauspad, als Kaffeetasse, als T-Shirt oder als Produktkarton.

Ganz gleich, wie der Product Owner dieses Meeting gestaltet – wenn am Ende begeisterte und motivierte Mitarbeiter den Raum verlassen, die gemeinsam das beste Produkt aller Zeiten entwickeln wollen, hat er sein Ziel erreicht.

Checkliste: Produktvision teilen

☐ Ist die Produktvision kurz, emotional und mitreißend formuliert?

☐ Wurde die Zielgruppe klar erkannt und benannt?

☐ Sind die Zielgruppenbedürfnisse ausreichend herausgearbeitet?

☐ Sind Schlüsselfunktionalitäten definiert und beschrieben?

☐ Wurden alle erforderlichen Protagonisten eingeladen? Wer könnte rund um die Entwicklung des Produkts noch berechtigte Interessen haben?

☐ Wurde die Produktvision greifbar materialisiert (als Poster, Bildschirmhintergrund, Mauspad, Kaffeetasse, T-Shirt, Produktkarton, ...)?

☐ Ist der Product Owner gut vorbereitet, um die eigene Begeisterung für die Vision und das Produkt glaubhaft weiterzugeben?

Sprint Planning

Das *Sprint Planning* markiert den Beginn des neuen Sprints. Das gesamte Scrum-Team (Product Owner, Scrum Master, Entwicklungsteam) trifft sich, um gemeinsam die Arbeit für den kommenden Sprint zu besprechen und zu planen.

Wie alle regelmäßigen Scrum-Meetings sollte es nach Möglichkeit immer am selben Ort und am gleichen Wochentag zur gleichen Zeit stattfinden. Seine Dauer ist durch eine feste Timebox begrenzt. Die empfohlene Größe der Timebox für einen vier Wochen langen Sprint beträgt acht Stunden. Bei anderen Sprint-Längen sollte man die Timebox proportional anpassen. Für einen zwei Wochen dauernden Sprint ist somit eine Timebox von vier Stunden empfehlenswert.

Es hat sich bewährt, mit einem Sprint weder an einem Montag noch an einem Freitag, sondern besser mitten in der Woche zu beginnen. Zum einen sind dann allen die Ergebnisse des unmittelbar vorangegangenen Sprint Reviews und der Retrospektive noch gut in Erinnerung, zum anderen kann das Team sofort nach dem Sprint Planning mit der Arbeit beginnen, ohne dass ein Wochenende dazwischenliegt.

Das Sprint Planning besteht aus zwei Teilen von gleicher Timebox-Länge. Im ersten Teil wird geklärt, *was* im kommenden Sprint als Produktinkrement erstellt werden soll. Im zweiten Teil des Meetings wird die Frage geklärt, *wie* an die Aufgabe herangegangen und die Arbeit aufgeteilt und organisiert werden muss, damit dieses Ziel erreicht werden kann. Während sich die Diskussion im ersten Teil um die fachlichen Fragen dreht, geht es im zweiten Teil vorrangig um die technischen Aspekte der Entwicklung des geplanten Inkrements.

Das Meeting sollte nach Möglichkeit morgens beginnen, sodass das Scrum-Team frisch und ausgeruht an die Arbeit gehen kann.

Sprint Planning 1

Der erste Teil des Sprint Plannings spielt sich vorwiegend auf der fachlichen Ebene ab. Das gesamte Scrum-Team ist zusammengekommen, um zu verstehen, was im kommenden Sprint entwickelt werden soll. Basis für dieses Meeting sind das Product Backlog, der aktuelle Entwicklungsstand des Produkts, die bisherige Velocity des Teams (siehe Abschnitt »Release-Management« auf Seite 138) in den vorangegangenen Sprints und die Nettoarbeitszeit des Entwicklungsteams (siehe Tabelle 3-1 auf Seite 46) für den kommenden Sprint.

Der Product Owner stellt dem Entwicklungsteam die nach der Reihenfolge ihrer Wichtigkeit sortierten Product Backlog Items für den Sprint vor und erläutert die darin enthaltenen fachlichen Anforderungen an das Produkt.

Alle Mitglieder des Scrum-Teams tragen in dieser Phase durch gezieltes Nachfragen und fokussierte Diskussionen dazu bei, dass am Ende ein gemeinsames fachliches Verständnis jedes Backlog Items entsteht. Der Scrum Master achtet als Moderator des Meetings darauf, dass die Diskussionen auf der fachlichen Ebene des Problems bleiben und technische Details der Umsetzung vorerst weitestgehend ausgeklammert werden. Das Scrum-Team diskutiert in der Sprache der fachlichen Domäne des Produkts, was man auch als »die Sprache des Product Owners sprechen« bezeichnet.

Ist die fachliche Anforderung hinter dem Backlog Item verstanden, prüft das Scrum-Team gemeinsam die bereits abgegebene Komplexitätsschätzung auf der Grundlage der aktuellen Erkenntnisse aus den vorangegangenen Sprints. Hat das Team Erkenntnisse gewonnen, die eine Neubewertung des Backlog Items sinnvoll erscheinen lassen, wird es neu geschätzt. Dazu kann zum Beispiel *Planning Poker®* (siehe Abschnitt »Planning Poker®« Seite 133) zum Einsatz kommen.

Es werden so lange Backlog Items besprochen und diskutiert, bis das Entwicklungsteam das Gefühl hat, mit dieser Auswahl an Backlog Items im kommenden Sprint voll ausgelastet zu sein. Diese Entscheidung basiert vorwiegend auf Erfahrungswerten aus den vorangegangenen Sprints kombiniert mit der ermittelten Nettokapazität, die das Team für den Sprint zur Verfügung stellen kann. Wichtig ist, dass die Menge an eingeplanten Backlog Items von niemand anderem als dem Entwicklungsteam festgelegt wird, denn nur das Team kann einschätzen, was es am Ende des Sprints verlässlich und in guter Qualität liefern kann.

Auf der Basis der ausgewählten Backlog Items erarbeitet nun das Scrum-Team gemeinsam ein Sprint-Ziel, an dem sich die Arbeit während des Sprints orientiert und notwendige Entscheidungen ausgerichtet werden können. Dieses Ziel soll am Ende des Sprints erreicht werden. Was die Vision für das Produkt ist, das ist das Sprint-Ziel für den Sprint: eine Konstante, die unabhängig von funktionalen und technischen Details über den gesamten Zeitraum Bestand hat.

Am Ende des ersten Teils des Sprint Plannings hat das Scrum-Team ein gemeinsames Verständnis für die funktionalen und nicht funktionalen Anforderungen an das Produktinkrement erarbeitet, das im kommenden Sprint entwickelt werden soll. Die dazu erforderlichen Backlog Items sind ausgewählt, und ein gemeinsames Sprint-Ziel ist formuliert.

Sprint Planning 2

Im nun folgenden zweiten Teil des Sprint Plannings erarbeitet das Entwicklungsteam auf der technischen Ebene, wie das geplante Produktinkrement erstellt werden soll. Die fachlich diskutierten und verstandenen neuen Anforderungen an das Produkt werden nun in ein Produktdesign und technische Aufgaben übersetzt, die notwendig sind, um das Sprint-Ziel zu erreichen und am Ende ein potenziell auslieferbares erweitertes Produkt an den Product Owner zu liefern. So entsteht das Sprint Backlog, das die ausgewählten Product Backlog Items mit einem Plan verbindet, wie diese in neue Produktfunktionalitäten überführt werden können. Dabei behält das Entwicklungsteam immer die im kommenden Sprint zur Verfügung stehende Nettoarbeitszeit im Auge und prognostiziert, ob die anstehende Arbeit in dieser Zeit erledigt werden kann.

Dazu werden als Erstes alle Reste des vorangegangenen Sprints vom Taskboard entfernt, und anschließend werden die Backlog Items in der Reihenfolge ihrer Priorität von oben nach unten aufgehängt. Dann werden grob die Architekturerweiterungen für die Integration der neuen Anforderungen in das bestehende Produktinkrement entworfen. Das kann unter Umständen auch zu Anpassungen an der Gesamtarchitektur führen. Die Grundlagen für Entwurfsentscheidungen sind dabei – neben den ausgewählten Product Backlog Items – vor allem die Architektur des bereits erstellten Produkts und die im Laufe der vorangegangenen Sprints gewonnenen Erfahrungen mit der technischen Plattform. Auf Basis dieses Designentwurfs werden anschließend für jedes Backlog Item überschaubare Aufgaben ermittelt und am Taskboard dokumentiert. Am Ende des Meetings werden zumindest die für die ersten Tage des Sprints anstehenden Aufgaben so weit verfeinert, dass sie an maximal einem Arbeitstag erledigt werden können. Auf diese Weise erarbeitet sich das Entwicklungsteam einen gemeinsamen Plan für den kommenden Sprint und kann besser einschätzen, ob und wie das Sprint-Ziel erreicht werden kann. Ist dazu spezielles Domänenwissen oder technische Expertise erforderlich, über die das Team (noch) nicht verfügt, kann es zu diesem Teil des Sprint Plannings Experten einladen, die das erforderliche Wissen einbringen.

Anfangs moderiert der Scrum Master diesen Teil des Meetings. Später geht die Moderation üblicherweise auf ein Mitglied des Entwicklungsteams über. Aufgabe des Scrum Masters ist es dann, im weiteren Verlauf darauf zu achten, dass das Team die Arbeit gemeinsam plant und am Ende jeder weiß, welche Aufgaben im kommenden Sprint umzusetzen sind. Der Bildung kleinerer Grüppchen, die parallel Teilaufgaben planen, sollte er besser entgegenwirken. Ebenso sollte er einschreiten, wenn sich Teammitglieder Aufgaben reservieren oder bereits einander zuordnen.

Kann der Product Owner im zweiten Teil des Sprint Plannings nicht dauerhaft anwesend sein, sollte er jederzeit kurzfristig für das Entwicklungsteam erreichbar sein. Seine Aufgabe ist es, für Klarheit zu sorgen, wenn es weitere fachliche Fragen zu den Backlog Items gibt, sowie bei der Abwägung von Entwurfsentscheidungen und beim Finden von Kompromissen zu unterstützen. Erarbeitet das Team zum Beispiel während der Planung der Arbeit mehrere mögliche Wege, die gewünschte Funktionalität umzusetzen, die sich hinsichtlich Komplexität und Kosten signifikant unterscheiden, kann der Product Owner unmittelbar eine Entscheidung aus fachlicher Sicht treffen.

Stellt das Entwicklungsteam beim Abgleich der Aufwände mit seiner Nettokapazität fest, dass es für den kommenden Sprint zu viel oder gar zu wenig Arbeit eingeplant hat, wird es sofort mit dem Product Owner nachverhandeln und die Menge der ausgewählten Backlog Items noch einmal anpassen. Wichtig ist, dass die Arbeit so bemessen wird, dass das gesamte Scrum-Team »ein gleichmäßiges Tempo auf unbestimmte Zeit halten« kann (Agiles Manifest).

Am Ende des Sprint Plannings steht das eben erstellte Sprint Backlog, und zumindest für die ersten Tage des Sprints ist die Arbeit so feingranular geplant, dass die einzelnen Aufgaben nicht mehr als einen Tag Aufwand bedeuten. Das Entwicklungsteam hat die vor ihm liegende Arbeit selbstständig organisiert, und das gesamte Scrum-Team weiß nun, was zu tun ist, um das Sprint-Ziel zu erreichen und ein Produktinkrement zu erstellen, das der Definition of Done genügt. Das Taskboard ist vorbereitet. Der Sprint kann beginnen.

Checkliste: Sprint Planning

- ☐ Sind genügend geschätzte Backlog Items für den kommenden Sprint vorbereitet? Passt die Größe der Items zur Velocity des Entwicklungsteams?
- ☐ Sind die Abnahmekriterien ausreichend konkret formuliert?
- ☐ Hat jeder im Scrum-Team die fachlichen Anforderungen, das »Was«, verstanden?
- ☐ Ist das Sprint-Ziel klar formuliert und von allen verstanden?
- ☐ Hat das Entwicklungsteam seine Nettoarbeitszeit für den kommenden Sprint ermittelt?
- ☐ Ist der Product Owner während des Sprint Plannings 2 verfügbar?
- ☐ Arbeitet das Team gemeinsam an der Planung der Aufgaben?
- ☐ Sind gegebenenfalls Experten erreichbar, die spezielle technische Fragestellungen beantworten können?
- ☐ Wurden mögliche Umsetzungsalternativen mit dem Product Owner besprochen und abgestimmt?
- ☐ Hat das Team die Menge an Arbeit so bemessen, dass es eine nachhaltige Geschwindigkeit (Sustainable Pace) über lange Zeit durchhalten kann?
- ☐ Ist die Arbeit, das »Wie«, so geplant und organisiert, dass das Sprint-Ziel erreicht werden kann?
- ☐ Weiß jeder, was er als Nächstes zu tun hat?

Daily Scrum

Das *Daily Scrum* ist eine maximal 15 Minuten dauernde tägliche Zusammenkunft des Entwicklungsteams. Es findet jeden Tag zur gleichen Zeit am selben Ort (sinnvollerweise direkt vor dem Taskboard) statt. Aktive Teilnehmer sind das Entwicklungsteam und der Scrum Master. Der Product Owner und alle anderen Stakeholder, die an Informationen zum Fortgang des Sprints Interesse haben, können auf Wunsch als Zuhörer teilnehmen. Der Scrum Master achtet darauf, dass aus dem Abstimmungsmeeting des Entwicklungsteams kein Statusmeeting für das Management wird.

Während dieses Meetings, das im Stehen stattfindet, synchronisiert sich das Team über den aktuellen Stand der Arbeit im Sprint und plant die Aktivitäten bis zum nächsten Treffen. Das Daily Scrum ist somit eine Kombination aus Review und Planung auf täglicher

Basis. Es findet ein Abgleich mit dem Sprint-Ziel statt, das Team überprüft, ob der aktuelle Status noch mit seinen Zielen konform geht, und klärt, was getan werden muss, um diese Ziele mit hoher Wahrscheinlichkeit zu erreichen. Es ist damit eines der wichtigsten Inspect-and-Adapt-Meetings.

Reihum beantwortet jedes Mitglied des Entwicklungsteams im Daily Scrum die folgenden drei Fragen:

- Was habe ich seit dem letzten Daily Scrum erreicht?
- Was werde ich bis zum nächsten Daily Scrum erreichen?
- Welche Hindernisse sind mir im Weg?

Ganz wichtig ist dabei, dass es um das Erreichte geht und nicht darum, was man seit dem letzten Daily Scrum getan hat. So wird transparent, welche Aufgaben erledigt sind, an welchen noch gearbeitet wird und wer sich mit wem im Falle von Abhängigkeiten abstimmen muss. Parallel dazu werden die zugehörigen Aufgabenzettel am Taskboard aktualisiert. Erledigte Aufgaben wandern in die *Done*-Spalte. Fehleinschätzungen werden korrigiert, unter Umständen kommen neue Tasks hinzu. Es hängen nur jene Aufgaben in der *In Progress*-Spalte, an denen auch wirklich gearbeitet wird. Am Ende des Meetings spiegelt das Taskboard den aktuellen Stand der Umsetzung der Backlog Items und damit den Status des aktuellen Sprints wider. Jetzt können die Burndown Charts aktualisiert werden (siehe Abschnitt »Burndown Chart« auf Seite 111).

Das Daily Scrum dient in erster Linie dazu, Gesprächs- und Klärungsbedarf zu erkennen. In der Kürze der Zeit sind nicht alle Fragen immer sofort zu klären. Geht die Diskussion zu tief ins Detail oder entspinnen sich Zweier- oder Dreiergespräche, schreitet der Scrum Master moderierend ein und verlagert die weitere Vertiefung des Themas auf die Zeit unmittelbar nach dem Meeting. Im Daily Scrum wird lediglich geklärt, wer sich im Anschluss zu welchem Thema abstimmen wird, wer Unterstützung braucht, wer unterstützen kann und wer zu einem bestimmten Thema zusammenarbeiten wird. Das heißt, dass sich das Team oft unmittelbar nach dem Daily Scrum in kleineren Gruppen zusammenfindet, um die verbleibende Arbeit des Sprints auf der Grundlage der aktuellen Situation neu zu planen.

Das Entwicklungsteam sollte somit jeden Tag in der Lage sein, dem Product Owner und dem Scrum Master darüber Auskunft zu geben, wie es als selbstorganisiertes Team vorgehen wird, um das geplante Produktinkrement in der verbleibenden Zeit des Sprints fertigzustellen.

Der Scrum Master sorgt dafür, dass das Team das Meeting durchführt, und achtet darauf, dass die Timebox von 15 Minuten nicht überschritten wird. Um kurz, knapp und fokussiert zu bleiben, können folgende kleine Regeln helfen:

- Keiner trinkt (Kaffee- oder Teetassen bleiben am Platz).
- Keiner isst (Zeit zum Frühstücken ist vorher oder hinterher).
- Alle stehen frei (keiner lehnt an Tischen, Bänken, Wänden) – daher wird das Daily Scrum auch als »Daily Standup« bezeichnet.
- Nur einer spricht, ein Sprech-Token (Ball, Puppe, Stift, ...) geht von Hand zu Hand und zeigt an, wer dran ist.
- Alle hören aktiv zu, indem sie sich dem Sprecher zuwenden und ihn anschauen.
- Nur das Entwicklungsteam spricht.

Während des Meetings hört der Scrum Master sehr genau hin, wenn Hindernisse benannt werden, nimmt sich dieser an und räumt sie so schnell wie möglich aus dem Weg. Es gilt: Hindernisse werden beseitigt, nicht verwaltet!

Der Product Owner sollte am Ende des Daily Scrum einen Eindruck über den aktuellen Stand der Umsetzung der Backlog Items gewonnen haben. Darüber hinaus kann er sofort im Anschluss direkt zur Klärung offener fachlicher Fragen beitragen oder Entscheidungen treffen, die für den ungehinderten Fortgang der Arbeit des Entwicklungsteams erforderlich sind.

Checkliste: Daily Scrum

☐ Ist allen klar, wer wann spricht – und wer nicht?

☐ Spricht jedes Teammitglied zu seinen Teammitgliedern – und nicht zum Product Owner, Scrum Master oder dem Management?

☐ Hat das Team die Arbeit bis zum nächsten Daily Scrum gemeinsam geplant?

☐ Ist klar, wer sich mit wem im Anschluss abstimmen wird und wer wen unterstützt?

☐ Sind offene Fragen mit dem Product Owner geklärt?

☐ Weiß jeder, was er bis zum nächsten Daily Scrum erreichen will und woran er arbeiten wird?

☐ Sind das Taskboard und die Burndown Charts auf dem aktuellen Stand?

☐ Werden die Backlog Items der Reihe nach abgearbeitet?

☐ Weiß der Scrum Master, welche Hindernisse er schnellstmöglich beseitigen muss?

☐ Hat das Team die Verbesserungsmaßnahmen aus der letzten Retrospektive im Blick?

Estimation Meeting

Das *Estimation Meeting* ist ein Treffen, das im Scrum Guide nicht beschrieben wird, sich aber in der täglichen Arbeit als nützlich erwiesen hat. Es unterstützt die Pflege des Product Backlogs, findet bei Bedarf statt und wird vom Product Owner einberufen. Seine Länge ist durch eine Timebox begrenzt. Empfehlenswert ist eine Dauer von maximal 90 Minuten, was etwa der mittleren Aufmerksamkeitsspanne von Menschen entspricht. Das sorgt dafür, dass alle Teilnehmer fokussiert mitarbeiten und valide Schätzungen erzielt werden können. Ist das Ende der Timebox erreicht, wird das Meeting unabhängig vom bis dahin erzielten Ergebnis beendet.

Auslöser für das Meeting ist ein Product Backlog, in dem es ungeschätzte oder zu überarbeitende Backlog Items gibt.

Zu Beginn ruft der Product Owner den Teilnehmern kurz die Produktvision ins Gedächtnis. Sie dient im Folgenden als Richtschnur für die Bewertung und Einordnung der Anforderungen an das Produkt und die Beurteilung von Handlungsalternativen. Anschließend stellt er dem Entwicklungsteam neue und überarbeitete Product Backlog Items zur Schätzung vor. Jedes dieser Items wird ausführlich auf der fachlichen Ebene erörtert und hinterfragt. Der

Scrum Master achtet als Moderator des Meetings darauf, dass die Diskussionen auf der fachlichen Ebene des Problems bleiben, nicht zu stark ins Detail gehen und technische Umsetzungsdetails weitestgehend ausgeklammert werden. Das Scrum-Team diskutiert in der fachlichen Domänensprache (also in der Sprache des Product Owners). Für das Entwicklungsteam ist es insbesondere wichtig, zu verstehen, welche Motivation hinter der im Item formulierten Anforderung steht. Aus welchem Kontext stammt die Anforderung? Welchen Nutzen für den Kunden fügt sie dem Produkt hinzu? Wie soll das geplante neue Feature funktionieren? Anhand welcher Kriterien kann überprüft werden, dass die Anforderung, die das Backlog Item beschreibt, vollständig umgesetzt ist? Welche vergleichbaren Funktionalitäten gibt es bereits im Produktinkrement? Erst dieses Verständnis versetzt die Teammitglieder in die Lage, eine Einordnung in den Gesamtkontext des Produkts vorzunehmen und Alternativen zu erwägen.

In dieser Diskussion wird relativ schnell deutlich, ob das vorgestellte Backlog Item bereits schätzbar ist. Bleiben zu viele Fragen offen oder können sie nur vage beantwortet werden, ist entweder die beschriebene Anforderung zu komplex, ungenau formuliert oder aber noch nicht ausreichend aufbereitet. Die Fragen und Anregungen des Teams tragen in jedem Fall dazu bei, dass auf allen Seiten ein tieferes Verständnis des Problems entsteht. Ein guter Product Owner weiß das zu schätzen und hört dem Entwicklungsteam aufmerksam zu. Dann fällt es ihm später leichter, das Backlog Item bis zum nächsten Estimation Meeting zu überarbeiten und zu verfeinern.

Hat jeder im Entwicklungsteam verstanden, wie sich das vorgestellte und besprochene Backlog Item in das Produkt einordnet und welcher Mehrwert dadurch für den künftigen Nutzer entstehen soll, kann geschätzt werden. Je nach Schätzmethode werden die Backlog Items einzeln oder gemeinsam einer Schätzung unterzogen. Wichtig ist, dass jedes Teammitglied die Komplexität der Anforderung unabhängig von den anderen Teammitgliedern einschätzt. Ebenso wichtig: Es schätzt lediglich das Entwicklungsteam. Der Product Owner, der Scrum Master und andere gegebenenfalls anwesende Stakeholder geben keine Schätzung ab.

Wie Schätzen funktioniert und welche Methoden man im Scrum-Kontext einsetzen kann, ist im Abschnitt »Schätzen« auf Seite 128 ausführlich beschrieben. In Bezug auf das Estimation Meeting ist nur interessant, dass die geschätzte Größe ein gutes Maß für die Reife und die Umsetzbarkeit des Backlog Items darstellt. Zwei Trends tragen dazu bei, dass diese Einschätzungen immer zuverlässiger werden, und legen die Grenze fest, ab der ein Item als zu komplex bewertet werden muss. Zum einen erlangt das Entwicklungsteam beim Schätzen zunehmend mehr Erfahrung und kann immer besser beurteilen, was für eine bestimmte Anforderung zu tun ist. Auf der anderen Seite ist nach den ersten drei bis vier Sprints auch klar, wie viele »Story Points« das Team innerhalb eines Sprints durchschnittlich umsetzen kann. Daraus ergibt sich ein natürliches Maß dafür, wann ein Backlog Item zu komplex ist: spätestens dann, wenn es nicht mehr innerhalb eines Sprints umgesetzt werden kann. Das ist für den Product Owner eine wichtige Information, die er aus diesem Meeting mitnimmt. Diese Komplexitätsschwelle ist spezifisch für jedes Team und nicht übertragbar.

Am Ende des Meetings hat der Product Owner einige neu geschätzte Backlog Items und eine Reihe weiterer Informationen, Fragen und Anregungen gewonnen. Darüber hinaus weiß er, welche Anforderungen noch einmal überarbeitet oder in ihrer Größe und Komplexität neu überdacht werden müssen. Das Entwicklungsteam hat im Laufe des Meetings einen Eindruck davon bekommen, welche Anforderungen in den folgenden Sprints zur Umsetzung kommen können.

Checkliste: Estimation Meeting

- [ ] Sind genügend Backlog Items zum Schätzen vorbereitet?
- [ ] Sind die Abnahmekriterien ausreichend konkret formuliert?
- [ ] Ist allen die Produktvision gegenwärtig?
- [ ] Sprechen alle Teilnehmer in der Sprache der fachlichen Domäne und erörtern die Backlog Items auf der fachlichen Ebene?
- [ ] Hat jeder im Team die fachlichen Anforderungen, das »Was«, verstanden?
- [ ] Ist allen Beteiligten der Unterschied zwischen Aufwands- und Komplexitätsschätzung klar?
- [ ] Weiß jeder, wer mitschätzt – und wer nicht?
- [ ] Stehen Referenz-Items als Basis für das relative Schätzen zur Verfügung?

Sprint Review

Das *Sprint Review* markiert das Ende eines Sprints. Wie alle regelmäßigen Scrum-Meetings sollte es nach Möglichkeit stets am selben Ort und am gleichen Wochentag zur gleichen Zeit stattfinden. Seine Dauer ist durch eine feste Timebox begrenzt. Die empfohlene Größe der Timebox für einen vier Wochen langen Sprint beträgt vier Stunden. Bei anderen Sprint-Längen sollte man die Timebox proportional anpassen. Für einen zwei Wochen dauernden Sprint ist somit eine Timebox von zwei Stunden empfehlenswert.

Es hat sich bewährt, die Sprints so zu planen, dass das Sprint Review nicht auf einen Freitag fällt. So sind die Review-Ergebnisse im darauffolgenden Sprint Planning allen noch gut in Erinnerung und können unmittelbar einfließen, ohne dass ein Wochenende dazwischenliegt.

Das gesamte Scrum-Team trifft sich in einem zwanglosen Rahmen, um die Ergebnisse des aktuellen Sprints zu begutachten und, falls nötig, Anpassungen am Product Backlog vorzunehmen. Im Sprint Review wird die Sprache des Product Owners gesprochen. Künftige Nutzer des Produkts, Vertreter des Managements und andere Stakeholder sind herzlich eingeladen, als Gäste am Sprint Review teilzunehmen, um sich über den Fortgang der Produktentwicklung zu informieren.

Für alle Beteiligten ist das Sprint Review die beste Gelegenheit, sich über den Stand der Arbeiten auszutauschen, Feedback einzuholen, die gemeinsame Zusammenarbeit zu fördern und zu vertiefen und einen aktuellen Statusabgleich vorzunehmen. Dazu zeigt das Entwicklungsteam die Ergebnisse des letzten Sprints in Form einer Live-Präsentation. Alle neuen Funktionen, die im Sprint fertig geworden sind, werden im Detail und anhand der Abnahmekriterien direkt am Produkt vorgeführt. Für die Softwareentwicklung bedeutet das beispielsweise, dass auf produktionsnahen Systemen präsentiert wird. Keine Tricks, keine PowerPoint-Präsentationen, Screenshots oder andere Potemkinsche Dörfer und vor allem keine halb fertigen Sachen! Nur was wirklich fertig ist, wird gezeigt.

Diese Präsentation wird gründlich vorbereitet. Nichts soll schiefgehen, denn dieses Meeting bietet dem Entwicklungsteam nicht zuletzt eine gute Gelegenheit zum Selbstmarketing. Das selbstorganisierte Team stimmt sich im Vorfeld darüber ab, wer welche Funktionalität demonstrieren wird, welche Daten und Systeme vorzubereiten sind, und entwirft einen Plan, um allen Anwesenden verständlich zeigen zu können, welcher Zuwachs an Geschäftswert mit den neuen Funktionen verbunden ist. Im Laufe der Präsentation können die einzelnen Teammitglieder Fragen zum Inkrement beantworten oder durchaus auch auf Probleme bei der Umsetzung der Anforderungen eingehen und erläutern, welche Lösungen dafür gefunden wurden. Mit einer gelungenen Präsentation demonstriert das Team letzten Endes auch eine Wertschätzung der Rolle und Arbeit des Product Owners.

Der Product Owner ermittelt im Laufe der Präsentation anhand der Abnahmekriterien, die an den Sprint Backlog Items hinterlegt sind, welche Anforderungen wirklich fertig sind (im Sinne der Definition of Done) und welche der gezeigten Items unter Umständen doch noch nicht fertig umgesetzt sind. Aus dem impliziten Qualitätsanspruch von Scrum folgt: Auch 99 % fertig ist nicht *Done*!

Die Abnahme der fertigen Funktionalitäten lässt sich im Meeting durchaus mit einer kleinen offiziellen Zeremonie verbinden. So kann der Product Owner zum Beispiel die Backlog Items am Taskboard feierlich abzeichnen oder mit einem großen grünen Haken versehen (Abbildung 3-4 – der Scrum Master sollte einen dicken grünen Stift bereithalten!). Auf diese Weise werden Wertschätzung und Würdigung der Arbeit des Entwicklungsteams öffentlich demonstriert. Das kostet beinahe nichts, fördert aber die Motivation und ein positives Klima im Projekt.

Im Anschluss wird über die Sprint Backlog Items gesprochen, die nicht fertig geworden sind. Das Entwicklungsteam erläutert, welche Hindernisse die Fertigstellung verhindert haben und was noch zu tun bleibt, bis sie endgültig *Done* sind. Das gesamte Scrum-Team überlegt gemeinsam, wie mit diesen Items umgegangen werden soll: ob sie zum Beispiel in den nächsten Sprint aufgenommen werden oder auch ob äußere Bedingungen dafür sorgen, dass ihre

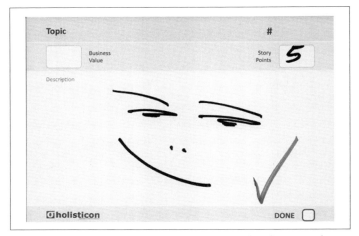

Abbildung 3-4: Ausdruck der Wertschätzung gegenüber dem Entwicklungsteam: der grüne Haken an der User Story

Fertigstellung vorerst zurückgestellt wird. Letzteres ist in der Regel die schlechtere Wahl, denn nicht beendete Arbeit schafft keinen Geschäftswert und ist unter Lean-Gesichtspunkten schlicht Verschwendung (Waste), die es zu vermeiden gilt.

Unter Berücksichtigung der Ergebnisse und Erkenntnisse des Sprint Review wird das Product Backlog, soweit nötig, angepasst. So entsteht als Ergebnis des Meetings ein überarbeitetes und aktualisiertes Backlog, das bereits die möglichen Items für den kommenden Sprint definiert. Wenn erforderlich, kann das Product Backlog auch komplett umgestellt werden, um aktuellen Marktentwicklungen oder geänderten Anforderungen Rechnung zu tragen oder sich bietende Chancen wahrzunehmen.

Somit ist das Sprint Review das wichtigste fachliche Inspect-and-Adapt-Meeting für das gesamte Scrum-Team. Es liefert jedem fundierte Informationen über den aktuellen Status der Entwicklung und bietet die Möglichkeit zu Anpassungen an der kurz- und mittelfristigen Planung des Projekts.

Checkliste: Sprint Review

- ☐ Sind alle Stakeholder und künftigen Anwender eingeladen?
- ☐ Hat das Team die Präsentation gut vorbereitet und gegebenenfalls geprobt?
- ☐ Weiß jeder, wer wann was präsentiert?
- ☐ Ist allen klar, dass nur wirklich fertig (*Done* im Sinne der Definition of Done) umgesetzte Backlog Items präsentiert werden?
- ☐ Ist sichergestellt und geprüft, dass alle erforderlichen technischen Voraussetzungen gegeben sind (z. B. Zugangsdaten, Netzwerkverbindungen) und im Besprechungsraum funktionieren?
- ☐ Präsentiert das Team in einer dem späteren Einsatzfall entsprechenden Umgebung?
- ☐ Ist besprochen, wie mit den nicht fertiggestellten Backlog Items umgegangen wird?
- ☐ Ist das Product Backlog an die neuen Gegebenheiten angepasst und für das nächste Sprint Planning vorbereitet?

Retrospektive

Die *Retrospektive* wird am Ende eines Sprints nach dem Sprint Review und vor dem nächsten Sprint Planning abgehalten. Wie alle regelmäßigen Scrum-Meetings sollte sie nach Möglichkeit immer am selben Ort und am gleichen Wochentag zur gleichen Zeit stattfinden. Ihre Dauer ist durch eine feste Timebox begrenzt. Die empfohlene Größe der Timebox für einen vier Wochen langen Sprint beträgt drei Stunden. Bei anderen Sprint-Längen sollte man die Timebox proportional anpassen. Für einen zwei Wochen dauernden Sprint ist somit eine Timebox von 90 Minuten empfehlenswert.

Zwischen zwei Sprints, nach dem Sprint Review des einen und vor dem Sprint Planning des nächsten Sprints, nimmt sich das Entwicklungsteam gemeinsam mit dem Scrum Master eine kurze Auszeit, um über die eigene Arbeit und Zusammenarbeit zu reflektieren und sich deren kontinuierlicher Verbesserung zu widmen. Die Retrospektive ist das Inspect-and-Adapt-Meeting für das Entwicklungsteam schlechthin. Deshalb steht es ihm frei, einzuladen, wen immer es zu diesem Zweck braucht. Der Product Owner als Teil des Scrum-Teams ist einer der wichtigsten Kommunikationspartner des Entwicklungsteams und sollte nach Möglichkeit immer eingeladen werden. Letztendlich trifft diese Entscheidung das Team selbst.

In einer der ersten Retrospektiven legt das Team Regeln für die Zusammenarbeit fest, die in diesem und unter Umständen auch in allen anderen Meetings künftig beachtet werden sollen (betreffend den Umgang miteinander, mit Handys, Notebooks, Konflikten usw.). Darauf wurde bereits am Anfang dieses Kapitels ausführlich eingegangen, deshalb soll an dieser Stelle nur noch einmal daran erinnert werden.

Während der Retrospektive schaut das Entwicklungsteam gemeinsam mit seinen Gästen darauf zurück, wie der letzte Sprint gelaufen ist. Die Ergebnisse des Sprint Reviews noch unmittelbar vor Augen, reflektieren die Teilnehmer über Möglichkeiten und Notwendigkeiten, die Qualität des Produkts ständig weiter zu verbessern. In der Folge passt das Team unter Umständen seine Definition of Done an. Dann richtet sich der Blick zum einen auf die Menschen und deren Beziehungen rund um das Projekt. Mit wem haben wir erfolgreich zusammengearbeitet? Wer hätte uns noch hilfreich sein können? Wie können wir die Zusammenarbeit mit unseren Stakeholdern weiter verbessern? Warum konnten wir diesen oder jenen nicht für eine Zusammenarbeit gewinnen? Wen haben wir in unserer Kommunikation im letzten Sprint vernachlässigt? Wie können wir auf direkten, kurzen Wegen miteinander kommunizieren?

Auf der anderen Seite schaut das Team auch auf die Prozesse und Tools, die rund um die Entwicklung des Produkts im Einsatz sind. An welchen Stellen hat uns der Prozess unter Umständen behindert? Wo lässt sich etwas anpassen, um künftig die Zusammenarbeit von unnötigem Ballast zu befreien? Brauchen wir wirklich alle diese Tools, oder lässt sich unter Umständen etwas vereinfachen? Wo treten Redundanzen auf? Wie lassen sie sich vermeiden? An welcher Stelle verbringen wir Zeit mit Tools, ohne dass für uns oder andere ein messbarer Nutzen zu erkennen ist? Wozu sind all die Tools gut? Hier schließt sich der Kreis zum Agilen Manifest. Dessen Initiatoren schätzen zwar »Individuen und Interaktionen mehr als Prozesse und Werkzeuge«, stellen aber klar heraus, dass auch die Werte auf der rechten Seite im agilen Kontext wichtig sind und Beachtung verdienen. Dem trägt die Retrospektive Rechnung.

Der Scrum Master moderiert das Meeting und ermuntert und unterstützt das Entwicklungsteam dabei, innerhalb des durch Scrum vorgegebenen Rahmens Möglichkeiten zur Verbesserung seines Entwicklungsprozesses und der zugehörigen Entwicklungspraktiken zu identifizieren und in konkrete Maßnahmen zu übersetzen. Dazu kann er Daten aus den vorangegangenen Sprints mit in die Retrospektive einbringen. Hilfreich kann zum Beispiel sein, die Burndown Charts verschiedener Sprints (desselben Entwicklungsteams!) miteinander zu vergleichen oder sich die Entwicklung der Velocity des Teams über die vergangenen Sprints im Vergleich anzusehen. Daraus lassen sich unter Umständen wertvolle Rückschlüsse auf Verbesserungspotenziale ableiten.

Eine der wichtigsten Voraussetzungen für eine erfolgreiche Retrospektive und eine der größten Herausforderungen für den Scrum Master ist das Schaffen eines geschützten Raums, einer wertschätzenden, sicheren Atmosphäre, in der sich alle Teilnehmer auf Augenhöhe begegnen können. Dafür formuliert die »Goldene Regel« für Retrospektiven in wenigen Worten eine entscheidende Grundlage:

[Wertschätzungsregel]

»*Ganz egal, was wir entdecken werden: Wir glauben zutiefst, dass jede(r) nach besten Kräften gearbeitet hat, wenn man den aktuellen Wissensstand, die Fähigkeiten und Fertigkeiten, die verfügbaren Ressourcen und die derzeitige Situation zugrunde legt.*« [Koschek 2009], nach [Kerth 2001]

Indem davon ausgegangen wird, dass jeder sein Möglichstes getan hat, können Probleme zur Sprache gebracht und kann Kritik geäußert werden, ohne dass damit sofort Schuldzuweisungen verbunden werden. Eher wird zu einem konstruktiven Herangehen angeregt: Probleme werden zu Herausforderungen und Fehler zu Verbesserungspotenzialen. Noch etwas ist ganz wichtig, um Vertrauen zu schaffen: Alles, was in einer Retrospektive besprochen wird, bleibt in diesem Raum und wird nicht nach außen getragen. Deshalb sollte sich ein Scrum Master vom Team autorisieren lassen, wenn er über sensible Inhalte der Retrospektive mit Personen außerhalb des Teilnehmerkreises sprechen will – beispielsweise um Hindernisse zu beseitigen oder Veränderungen anzustoßen.

Das folgende Vorgehen hat sich bei der Gestaltung einer Retrospektive bewährt (weitere Anregungen für die Gestaltung von Retrospektiven findet man zum Beispiel in [Derby 2006]):

Der Scrum Master eröffnet die Retrospektive und stellt seinen Zeitplan für das Meeting vor. Damit unterteilt er das Meeting nochmals in kleinere Timeboxen, was die Fokussierung der Teilnehmer weiter erhöht.

Anschließend erinnert er noch einmal an die Regeln für die Zusammenarbeit, und das Team reflektiert kurz darüber, ob unter Umständen Anpassungen nötig sind.

Danach ruft der Scrum Master allen die »Goldene Regel« in Erinnerung, an der sich die Arbeit während der Retrospektive ausrichten soll. Er sollte diese Regel auf ein Flipchart-Blatt schreiben oder großformatig drucken und dann am Beginn jeder Retrospektive deutlich sichtbar aufhängen.

Als Erstes erarbeitet das Team in einer kurzen Timebox von etwa 3 bis 5 Minuten Länge das »Was war?«. Dazu vermerkt jeder (zum Beispiel auf Post-its) vorerst ohne jede Wertung, welche Ereignisse ihm aus dem vergangenen Sprint in Erinnerung geblieben sind. Währenddessen skizziert der Scrum Master auf einem Whiteboard oder einer Moderationswand einen Zeitstrahl vom Anfang bis zum Ende des Sprints. Es kann für das Team hilfreich sein, wenn er entlang des Zeitstrahls markante Fixpunkte markiert, zum Beispiel Wochenenden, Feiertage oder gemeinsame Meetings. Am Ende der Timebox platzieren die Teammitglieder ihre Post-its auf dem Zeitstrahl. Auf diese Weise tragen sie zusammen, was im Sprint passiert ist. Das können neben Hoch- und Tiefpunkten aus dem Projektalltag auch private und soziale Erlebnisse sein (Geburtstage, Urlaub, Konferenzbesuch, Vorträge, Community-Events und dergleichen). Der Scrum Master räumt allen noch einen Augenblick Zeit ein, damit jeder die gesammelten Informationen im Überblick erfassen kann, und führt das Team dann in die nächste Runde.

Nun reflektieren die Teilnehmer, ebenfalls in einer kurzen Timebox von 3 bis 5 Minuten und jeder für sich, die Frage »Was war gut?«.

Sprint für Workshop (handwritten note at top)

Wieder werden Post-its beschrieben, auf denen jeder Teilnehmer vermerkt, was aus seiner Sicht im Sprint gut gelaufen ist, wo Einzelne oder das Team erfolgreich waren und was er im nächsten Sprint wieder so machen oder sogar intensivieren will. Der Scrum Master hat inzwischen ein großes Blatt (z. B. auf einem Flipchart) mit der Überschrift »Was war gut?« vorbereitet. Am Ende der Timebox fordert er die Teilnehmer auf, einer nach dem anderen seine Zettel auf das Blatt zu kleben und mit kurzen Worten zu umreißen, was ihm beim Schreiben des Zettels durch den Kopf gegangen ist. Der Scrum Master kann die Teilnehmer ermuntern, die Zettel bereits beim Aufkleben thematisch zu ordnen. Am Ende stehen alle Teilnehmer um das Flipchart mit den gesammelten positiven Erlebnissen des Sprints. Der Scrum Master kann nun nach einem Augenblick der Ruhe, in dem jeder das Gesamtbild in sich aufnimmt, noch einmal die wichtigsten Themen kurz hinterfragen, verdichten und vielleicht Möglichkeiten besprechen, wie man sie im nächsten Sprint bewahren oder weiter verstärken kann. Es ist wichtig, dass alle diese positiven Aspekte des letzten Sprints als ihre Erfolge annehmen und feiern.

Dann trennt der Scrum Master das Blatt mit den Ergebnissen ab und hängt es an einen Platz, an dem es gut sichtbar, aber räumlich möglichst weit vom Flipchart entfernt ist. Auf diese Weise soll eine klare Trennung zum nächsten Thema vollzogen und im Weiteren vermieden werden, dass die Erfolge gegen die Misserfolge in einer Art Gesamtbilanz aufgerechnet und aufgewogen werden.

In einer dritten Timebox von 3 bis 5 Minuten bearbeiten die Teilnehmer der Retrospektive nun die Frage »Was wollen wir verbessern?«. Jeder Einzelne reflektiert über den vergangenen Sprint, sammelt Daten und notiert auf Post-its, was aus seiner Sicht verbessert werden sollte. Die Themen können technisch (»Der zentrale Server war tagelang nicht erreichbar«, »Unser Build-Prozess läuft zu lange«), organisatorisch (»Die Antwort vom Kunden auf unsere Anfrage kam zu spät«), aber auch zwischenmenschlich (»Unseren Umgang mit Frank habe ich als wenig wertschätzend wahrgenommen«, »Dass mich Nina so angefahren hat, hat die Lösung des Problems auch nicht vorangebracht«) sein. Der Scrum Master hat inzwischen das Blatt »Was wollen wir verbessern?« vorbereitet. Der Reihe nach kleben die Teilnehmer nun ihre Post-its auf, erläutern kurz, was sie konkret damit meinen, und ordnen die Zettel dabei bereits nach Themen. Am Ende nehmen wieder alle Teilnehmer das Gesamtbild kurz in sich auf. Dann kann der Scrum Master moderierend einzelne Themen weiter hinterfragen und dabei unterstützen, die Themenblöcke neu zu ordnen, weiter zu verdichten und zu gewichten. Bewährt hat sich, nach internen Themen (die das Team betreffen und in seiner Entscheidungshoheit liegen) und externen Problemen (die vom Team nicht direkt beeinflusst werden können) zu unterscheiden. Dann kann sich der Blick auf die Probleme in der Hoheit des Entwicklungsteams richten. Die Lösung der anderen Probleme wird in der Regel der Scrum Master übernehmen.

Während der Diskussion der einzelnen Themen prüft das Team, welche Verbesserungsmaßnahmen des abgelaufenen Sprints erfolgreich umgesetzt wurden, und entwickelt mit Unterstützung des Scrum Masters einen Plan mit konkreten Maßnahmen dazu, welche Verbesserungen im kommenden Sprint herbeigeführt werden sollen. Dieser Plan wird zum Beispiel auf einem weiteren Flipchart-Blatt erarbeitet und kann während des Sprints im Teamraum oder an anderer Stelle gut sichtbar aufgehängt werden. Er sollte auf wenige wichtige Maßnahmen beschränkt sein, die das Team im kommenden Sprint tatsächlich umsetzen kann (noch einmal: Hindernisse werden beseitigt, nicht verwaltet!).

Am Ende bittet der Scrum Master alle Teilnehmer um Rückmeldung zu seiner (Moderations-)Arbeit während der Retrospektive in Form eines kurzen »Blitzlichts«. Dazu können zum Beispiel alle Teilnehmer im Kreis stehen, sich einen Ball oder einen anderen geeigneten Gegenstand zuwerfen oder von Hand zu Hand gehen lassen. Wer den Gegenstand in Händen hält, reflektiert in zwei bis drei Sätzen kurz und knapp über die Retrospektive. Am Ende bedankt sich der Scrum Master für das Feedback und beendet das Meeting.

Wir werden oft gefragt, wie groß die kleinen Timeboxen innerhalb der Retrospektive sein sollen. Mit folgender prozentualer Aufteilung kann man unserer Erfahrung nach gut starten:

Tabelle 3-4: Die inneren Timeboxen einer Retrospektive

Aktivität	Anteilige Länge
Kurze Einführung	5 %
Timeline: Was war?	10 %
Was war gut?	15 %
Was wollen wir verbessern?	15 %
Diskussion und Analyse	15 %
Erarbeiten des Plans (Maßnahmen, Verantwortlichkeiten)	15 %
Reserve	20 %
Abschluss, Blitzlicht	5 %

Eine Retrospektive ist harte und konzentrierte Arbeit. Dabei wird eine Menge Energie ein- und freigesetzt. Um die Energiereserven rechtzeitig wieder aufzufüllen, kann der Scrum Master zum Beispiel für frisches Obst oder Süßigkeiten und Naschereien sorgen. Lässt die Konzentration stark nach und machen sich deutliche Ermüdungserscheinungen bemerkbar, kann mit kurzen spielerischen Unterbrechungen für Aufmunterung gesorgt werden. Jede Menge Anregungen finden sich zum Beispiel in [Beermann 2010].

Obwohl man Verbesserungspotenziale immer und überall identifizieren und umsetzen kann, schafft die Retrospektive einen formalen Rahmen, um die Aufmerksamkeit des Entwicklungsteams gezielt auf die eigene Arbeit zu lenken und an deren Verbesserung zu arbeiten. Dank der Regelmäßigkeit, die durch den Rhythmus von Scrum gefördert wird, etabliert sich ein Prozess kontinuierlicher Verbesserung.

Checkliste: Retrospektive

- ☐ Liegt ausreichend Moderationsmaterial (u. a. Stifte, Post-its, Flipchart-Papier) bereit?
- ☐ Stehen Obst oder Süßigkeiten bereit?
- ☐ Ist der Zeitplan vorbereitet und (z. B. auf einem Flipchart-Blatt) für alle sichtbar?
- ☐ Wissen alle Teilnehmer, was sie erwartet und worauf es in einer Retrospektive ankommt? Nehmen Gäste teil, die mit dem Vorgehen nicht vertraut sind?
- ☐ Sind alle mit dem Inhalt der »Goldenen Regel« für Retrospektiven vertraut?
- ☐ Hängen die Regeln für die Zusammenarbeit gut sichtbar im Raum, und wurden sie noch einmal kurz besprochen?
- ☐ Hat jeder das Gefühl, dass er sich offen und ohne Angst zu allen Themen äußern kann?
- ☐ Wurden die Maßnahmen der letzten Retrospektive einem Review unterzogen?
- ☐ Wurde die Definition of Done geprüft?
- ☐ Sind neue Verbesserungsmaßnahmen abgeleitet, die im Laufe des nächsten Sprints umgesetzt werden sollen?
- ☐ Hat sich das Team auf wenige wichtige Maßnahmen geeinigt?
- ☐ Sind Verantwortliche für die Maßnahmen benannt?
- ☐ Ist geklärt, wie mit Themen umgegangen werden soll, die in der Retrospektive nicht abschließend geklärt werden konnten?

Artefakte

Scrum beschreibt und verwendet nur einige wenige Artefakte. Im Scrum Guide finden sich im Abschnitt »Scrum Artefakte« lediglich drei: das Product Backlog, das Sprint Backlog und das (Produkt-)Inkrement. An anderer Stelle werden darüber hinaus die Definition of Done und das Sprint-Ziel beschrieben.

Diese Scrum-Artefakte sind speziell dazu geschaffen, um mit wenig Aufwand eine maximale Transparenz über Schlüsselinformationen im Projekt zu erreichen. Sie verkörpern Wert (z. B. Geschäftswert) oder Arbeit (z. B. Work in Progress, begonnene Arbeit) auf verschiedenste Art und Weise und helfen dem Scrum-Team und allen anderen Protagonisten, im Projekt den Überblick zu bewahren, mit Inspect and Adapt jederzeit Verbesserungspotenziale zu erkennen und fortlaufend Veränderungen in Gang zu setzen.

Neben den im Scrum Guide beschriebenen Artefakten gibt es eine Reihe weiterer, die sich in der Praxis bewährt haben. Einige von ihnen werden im Folgenden ebenfalls beschrieben und bezüglich ihrer Einsatzmöglichkeiten betrachtet.

Product Backlog

Das Product Backlog ist ein lebendes Artefakt und liegt komplett in der Verantwortung des Product Owners. Es ist nie vollständig oder fertig und entwickelt sich zusammen mit dem Produkt und dessen Einsatzmöglichkeiten kontinuierlich weiter. Externe Einflüsse wie Veränderungen am Markt, gesetzliche Bestimmungen und politische Regularien können es ebenso beeinflussen wie interne Faktoren, zum Beispiel fachliche und technische Entwurfsentscheidungen. Das Product Backlog ist der einzige Ablageort für jede Art von Anforderungen rund um das Produkt. Es enthält Backlog Items (z. B. User Stories) unterschiedlicher Größe und Detailgenauigkeit und in unterschiedlicher Rangfolge in Form einer geordneten Liste. Ein Product Backlog ist ein dynamisches Gebilde und wird permanent angepasst und weiterentwickelt, sodass am Ende ein wettbewerbsfähiges und für die (künftigen) Anwender nützliches Produkt entsteht. Solange das Produkt lebt, lebt auch sein Product Backlog.

Das Product Backlog kann auf verschiedenste Weise Gestalt annehmen. Im einfachsten Fall ist es nur eine Sammlung von Pappkarten (z. B. Story Cards), die der Product Owner fortschreibt und mit in die Meetings bringt. Nimmt die Anzahl der Anforderungen zu, kommen elektronische Tools zum Einsatz, die neben Suchen und Filtern auch die zentrale öffentliche Bereitstellung und kollaboratives Arbeiten ermöglichen. Einfachste Ausprägung eines elektronischen Product Backlogs kann eine Excel-Liste sein. Darüber hinaus bietet der Markt inzwischen eine Reihe von Tools, die gezielt auf die Bedürfnisse von Scrum-Teams und Scrum-Projekten zugeschnitten sind.

Zu Beginn sind im Product Backlog nur jene Anforderungen detailliert und implementierbar aufbereitet, die initial erforderlich und hinreichend gut verstanden sind. Alle anderen Anforderungen werden zunächst nur grob beschrieben. Im Laufe des Projekts werden sie verfeinert, eventuell sogar verändert oder verworfen. In dem Maße, in dem das Produkt wächst, verwendet wird und entsprechendes Feedback von den Kunden und Anwendern eingeht, wächst das Product Backlog kontinuierlich weiter und wird deutlich umfangreicher. Irgendwann enthält es alle Features, Funktionen, Anforderungen, geplanten Verbesserungen und Bereinigungen, die für zukünftige Releases des Produkts eingeplant werden können – in Gestalt von mehr oder weniger konkreten Backlog Items. Jedes dieser Items verfügt mindestens über eine Beschreibung, einen Wert für die Rangfolge und eine Schätzung in Story Points.

Ein gutes Product Backlog ist *DEEP* [Cohn 2010], was bedeutet:

- Es ist (angemessen) *Detailliert*, das heißt, die Anforderungen an das Produkt sind jederzeit klar erkennbar und verständlich, und die Einträge sind ihrem Reifegrad entsprechend grob- oder feingranular beschrieben.
- Es ist *Emergent*, also mehr als nur eine bloße Ansammlung von Features. Die Gesamtheit der in ihm beschriebenen Anforderungen bildet ein neues Ganzes, das deutlich über die Summe der Einzelanforderungen hinausgeht.
- Es ist *Estimable* (schätzbar), jede Anforderung ist so beschrieben, dass sie geschätzt und so eine Gesamtschätzung für das Backlog ermittelt werden kann.
- Es ist *Priorisiert*, das heißt, seine Items sind ihrem (Geschäfts-)Wert, ihrem Risiko, ihrer Notwendigkeit oder anderen Kriterien gemäß in eine aktuelle Rangfolge für die Abarbeitung gebracht.

Grafisch lässt sich das Product Backlog als Pyramide darstellen (Abbildung 3-5).

Die Anforderungen im aktuellen Sprint (die Spitze der Pyramide) sind so klein und präzise beschrieben, wie es die INVEST-Kriterien (siehe Seite 101) verlangen. Sie wurden so lange besprochen und hinterfragt, bis das gesamte Scrum-Team ein gemeinsames Verständnis darüber entwickelt hat, was bei der Umsetzung zu beachten ist und welches Ergebnis erwartet wird. Vor allem sind sie fertig (im Sinne

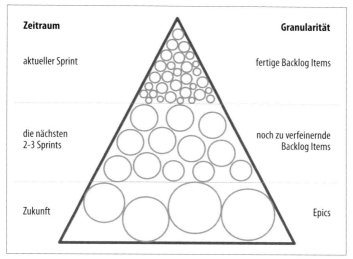

Abbildung 3-5: Das Product Backlog mit Backlog Items unterschiedlicher Granularität

von »nicht mehr änderbar«), da sie sich bereits in der Entwicklung befinden und der Sprint vor Änderungen geschützt ist.

Die etwas gröberen Anforderungen im mittleren Teil müssen noch verfeinert werden. Vielleicht fehlen die Akzeptanzkriterien, vielleicht muss das eine oder andere Backlog Item noch geschnitten werden. Diese Anforderungen stellen den Arbeitsvorrat für die nächsten zwei bis drei Sprints dar. Dieser Bereich ist der Hauptarbeitsbereich für den Product Owner. Er muss sicherstellen, dass das Team genau ausformulierte Anforderungen erhält, damit sie fokussiert und ohne größere Nachfragen in die Implementierung gehen können.

Der untere Teil besteht nur aus sogenannten *Epics*. Diese werden eventuell irgendwann in Zukunft entwickelt und sind entsprechend grob formuliert. Die These dahinter lautet: Bis wir zur Entwicklung dieser Anforderungen kommen, wird sich im Projekt und am Markt ohnehin noch so viel ändern, dass es Verschwendung wäre, jetzt schon in die Feinplanung zu gehen. Ein Beispiel für ein solches

Epic ist eine Druckfunktion oder die Anbindung an das Buchhaltungsmodul. Es dient also nur der Erinnerung, damit diese Bereiche nicht in der weiteren Planung vergessen werden.

Man kann sehen, dass die Anforderungen umso präziser und detaillierter werden, je näher der Zeitpunkt ihrer Entwicklung (in einem Sprint) rückt. Schaut man einige Monate in die Zukunft, enthält das Product Backlog nur so viele Informationen, wie sie für eine grobe Release-Planung nötig sind.

Auch wenn mehrere Entwicklungsteams am gleichen Produkt arbeiten, sollte nur ein Product Backlog eingesetzt werden.

Die Verantwortung für das Product Backlog, für seine Pflege und Verwaltung, liegt ganz und gar beim Product Owner. Das betrifft sowohl die Inhalte und die Rangfolge der Items als auch die öffentliche Bereitstellung des Backlogs. Er muss die Aufgaben zur Pflege und Verwaltung des Backlogs, die bereits im Zusammenhang mit der Rolle des Product Owners beschrieben wurden (siehe Abschnitt »Der Product Owner« auf Seite 63), nicht zwingend selbst übernehmen. Er kann sie teilweise oder ganz an das Entwicklungsteam delegieren, wenn das Entwicklungsteam über das nötige Wissen über die fachliche Domäne verfügt, bleibt jedoch weiterhin verantwortlich.

Die Pflege des Backlogs (Product Backlog Grooming) ist eine Aufgabe, die innerhalb jedes Sprints vom Product Owner und dem Entwicklungsteam gemeinsam zu leisten ist. Dazu gehören beispielsweise die Überarbeitung und Verfeinerung von Backlog Items, die Neubewertung ihrer Rang- und Reihenfolge, die Schätzung neuer und die Überprüfung und Anpassung der Schätzungen bestehender Items auf der Basis des aktuellen Kenntnisstands. Die Schätzungen liegen einzig in der Hoheit des Entwicklungsteams, denn am Ende ist es dieses Team und niemand sonst, das für die Umsetzung der geschätzten Anforderungen die Verantwortung übernimmt. Der Product Owner kann dazu beitragen, dass die Anforderungen verstanden werden, und das Team bei der Auswahl und Bewertung von Alternativen unterstützen, er nimmt auf den geschätzten Wert jedoch keinen direkten Einfluss.

Wann genau und wie oft am Backlog gearbeitet wird, entscheidet das Scrum-Team selbst. Für die Pflege des Product Backlogs sollten innerhalb des laufenden Sprints nicht mehr als 10 % der Gesamtkapazität des Entwicklungsteams aufgewendet werden.

Die Items eines gut gepflegten Product Backlogs zeichnen sich dadurch aus, dass sie den INVEST-Kriterien folgen, was bedeutet:

- Sie sind *Independent* (voneinander unabhängig). Anforderungen sollten möglichst unabhängig voneinander formuliert sein, da man sonst bei der Reihenfolge ihrer Abarbeitung Einschränkungen unterworfen ist. Insbesondere die Festlegung der Rang- und Reihenfolge innerhalb des Product Backlogs wird deutlich erschwert, wenn Querbeziehungen und Abhängigkeiten berücksichtigt werden müssen.

- Sie sind *Negotiable* (verhandelbar). Solange eine Anforderung noch nicht Bestandteil eines Sprint Backlogs ist, kann sie jederzeit umgeschrieben oder sogar komplett gestrichen werden. Wurde sie jedoch in die Planung des aktuellen Sprints aufgenommen, wird sie wie beschrieben umgesetzt und darf nicht mehr verändert werden.

- Sie sind *Valuable* (wertvoll). Das wichtigste Ziel agiler Produktentwicklung ist es, etwas für den Kunden Wertvolles zu schaffen. Deshalb dürfen nur Anforderungen in das Product Backlog aufgenommen werden, bei denen ein (Geschäfts-)Wert (engl. Business Value) ausgewiesen werden kann. Dieser muss nicht zwangsläufig monetär sein, auch prestigeträchtige oder einfach nur gesetzlich vorgeschriebene Anforderungen können für den Kunden von Wert sein und gehören deshalb ins Product Backlog.

- Sie sind *Estimable* (schätzbar). Schätzungen sind die Grundlage für jede Art von Planung und Vorausschau innerhalb von Scrum. Oft geben Schätzungen auch Hinweise darauf, dass Anforderungen noch nicht richtig verstanden, von zu hoher Komplexität oder schlicht zu groß sind. Ohne schätzbare Items könnte keine Sprint- oder Release-Planung durchgeführt werden.

- Sie sind *Sized appropriately* bzw. *Small* (angemessen groß bzw. klein). Jede Anforderung sollte hinreichend klein sein. Als Faustregel gilt hier: groß genug, dass sie dem Inkrement noch einen messbaren (Geschäfts-)Wert hinzufügt, aber klein genug, dass sie in einem Sprint vollständig (gemäß der Definition of Done) umgesetzt werden kann.
- Sie sind *Testable* (testbar). Zu einer guten Anforderung gehören klar und verständlich formulierte Abnahme- bzw. Akzeptanzkriterien, anhand derer das Entwicklungsteam erkennt, wann es die Anforderung vollständig umgesetzt hat, und die im Sprint Review die Grundlage für die Abnahme durch den Product Owner darstellen.

Um zu einer ersten groben Rang- und Reihenfolge der Backlog Items zu kommen, kann man zum Beispiel die MuSCoW- oder MoSCoW-Priorisierung verwenden [Pichler 2007]. Die Großbuchstaben im Namen stehen dabei für »Must have, Should have, Could have, Won't have«. Man überlegt sich dabei für jedes Backlog Item, ob es zum gegenwärtigen Zeitpunkt unbedingt gebraucht wird (M), ob es implementiert werden sollte (S) oder könnte (C) oder ob es im Augenblick vielleicht gar nicht nötig ist (W). Sind die Items auf diese Weise klassifiziert, kann man sich bei der weiteren Ausarbeitung und Verfeinerung zuerst auf die Must-Anforderungen konzentrieren und weiß genau, welche Items als Nächstes umgesetzt werden sollen und welche noch nicht an der Reihe sind.

Sprint Backlog

Das Sprint Backlog besteht aus allen für den Sprint ausgewählten Backlog Items und einem Plan, wie das Produktinkrement erstellt und das Sprint-Ziel erreicht werden soll. Es gehört einzig und allein dem Entwicklungsteam und verkörpert dessen Prognose dazu, welche neuen Funktionalitäten das Inkrement am Ende des Sprints enthalten wird und welche Arbeit voraussichtlich zu erledigen ist, um diese Erweiterungen zu implementieren. Das Sprint Backlog wird in Scrum üblicherweise an einem Taskboard visualisiert.

Nur das Entwicklungsteam kann und darf das Sprint Backlog während des Sprints noch verändern. Im Sprint Planning entwickelt das Team seinen Plan und definiert Teilaufgaben zu den einzelnen Items, die mindestens so detailliert sind, dass während des Daily Scrum der Entwicklungsfortschritt sichtbar wird. Diese Aufgaben können im Laufe des Sprints weiter verfeinert und angepasst werden. Eine Faustregel besagt, dass solche Tasks innerhalb eines Tages umsetzbar sein sollen, ansonsten sind sie zu groß und sollten weiter heruntergebrochen werden.

Wenn das Team merkt, dass zusätzliche Arbeiten erforderlich sind, um das Sprint-Ziel zu erreichen, fügt es diese Aufgaben dem Sprint Backlog hinzu. Wird im Laufe des Sprints klar, dass ursprünglich geplante Arbeiten nicht mehr umgesetzt werden müssen, werden sie aus dem Sprint Backlog entfernt. Sind Aufgaben abgeschlossen und erledigt, wird die Prognose auf Basis der im Sprint Backlog verbliebenen Arbeit aktualisiert. Es ist irrelevant, wie lange an einzelnen Items gearbeitet wurde; man ist lediglich an einer Vorausschau auf das Sprint-Ziel interessiert. So wie ein Navigationssystem ausgehend vom aktuellen Ort permanent die verbleibende Strecke berechnet und anzeigt, wird im Sprint kontinuierlich der verbleibende Restaufwand in die Zukunft projiziert, mit dem Plan abgeglichen und eine neue Voraussage erstellt.

Das Sprint Backlog spiegelt so zu jeder Zeit den aktuellen Stand der vom Entwicklungsteam geplanten Arbeiten wider, die noch zu leisten sind, um das Sprint-Ziel zu erreichen. Es ist somit ein Echtzeit-Reporting-Tool für das Projekt und das Scrum-Team.

Inkrement

Das (Produkt-)Inkrement verkörpert die Summe aller in den bisherigen Sprints fertiggestellten Inkremente des Produkts, zuzüglich der aktuell implementierten Anforderungen. Jedes neue Inkrement baut auf den vorhergehenden auf und enthält so auch alle bereits implementierten Funktionalitäten. Da jede der realisierten Anforderungen im Sinne der Definition of Done fertig sein muss, soll am Ende auch das Inkrement selbst in einem fertigen Zustand sein.

Sowohl die bereits vorhandenen als auch die neu hinzugekommenen Features müssen einwandfrei miteinander funktionieren und in einem potenziell auslieferbaren Zustand sein. Unter Umständen sind dazu innerhalb des Sprints zusätzliche Integrationstests vorzusehen und auszuführen.

Beim Entwicklungsteam liegt die Verantwortung dafür, dass das Inkrement am Ende eines jeden Sprints in einem einsatzfähigen Zustand an den Product Owner übergeben wird. Dieser kann dann die Entscheidung treffen, ob er das Inkrement tatsächlich ausliefern und in Betrieb nehmen will.

Definition of Done

Um der Anforderung nach einem potenziell auslieferbaren Inkrement am Ende jedes Sprints gerecht werden zu können, ist im Scrum-Team ein gemeinsames Verständnis davon, wann eine Teilaufgabe, ein Backlog Item oder das Inkrement selbst fertig (*Done*) ist, nötig. Die Kriterien, die dazu erfüllt sein müssen, variieren von Projekt zu Projekt und von Team zu Team, sollten jedoch für ein Team und sein Produkt eindeutig, transparent und allen Beteiligten klar sein. Dazu werden sie als Definition of Done niedergeschrieben.

Eine Definition of Done entwickelt sich ebenso iterativ wie das Produktinkrement selbst. Am Anfang wird sich das Team auf wenige, aus seiner Sicht wichtige Kriterien einigen, die erfüllt sein müssen, damit etwas als *Done* bezeichnet werden kann. Nach und nach kommen mit wachsender Erfahrung im Projekt weitere hinzu. Die Kriterien beziehen sowohl funktionale als auch nicht funktionale Aspekte ein.

Folgende Fragen können helfen, eine Definition of Done zu erstellen. Ist die neue Funktionalität

- in die bisherige Architektur/das bisherige Inkrement integriert?
- implementiert?
- vom Entwickler kommentiert?

- vom Entwickler erfolgreich getestet?
- für den Benutzer dokumentiert?
- internationalisiert?
- einem Review unterzogen?
- eingecheckt?
- von der Qualitätssicherung erfolgreich getestet?
- deployed?

Im einfachsten Fall werden alle Kriterien, über die Konsens besteht, gut lesbar auf ein Flipchart-Blatt geschrieben und omnipräsent im Teamraum aufgehängt. Nach jedem Sprint Review kann das Team in der Retrospektive darüber reflektieren, ob Anpassungen und Erweiterungen der Definition of Done erforderlich sind, um den gewachsenen Erfahrungen im Projekt Rechnung zu tragen.

Einige der Kriterien der Definition of Done beziehen sich lediglich auf einzelne Teilaufgaben, andere betreffen Backlog Items, und wieder andere helfen dabei, zu entscheiden, wann das auszuliefernde Produktinkrement fertig für das Sprint Review ist. Um diese unterschiedlichen Ebenen in der Definition of Done für alle transparent zu machen, kann man zu jedem Kriterium hinzuschreiben, wofür es gilt und wann es anzuwenden ist.

Weitere Artefakte

Die nachfolgend beschriebenen Artefakte sind nicht im Scrum Guide definiert und gehören somit nicht zu den Kernelementen von Scrum. In der Praxis spielen sie jedoch eine wichtige Rolle und sind in der Mehrzahl der Fälle aus einer Scrum-Implementierung nicht wegzudenken. Deshalb soll an dieser Stelle näher auf sie eingegangen werden.

Vision *(schwebt über dir brisist)*

Jedes Produkt oder Projekt braucht eine Vision, denn sie ist das Einzige, was in einem agilen Umfeld stabil bleibt und damit Halt und Orientierung im kontinuierlichen Wandel bietet.

Eine Vision ist eine emotionale, mitreißende Formulierung, die den Rahmen für das Produkt absteckt. Sie muss nicht unbedingt realistisch erreichbar sein, sollte aber die Richtung vorgeben. An dieser Vision können sich alle Entscheidungen orientieren, die im Laufe der Entwicklung des Produkts getroffen werden müssen.

Um die Vision für jeden greifbar und erlebbar zu machen, kann man ihr eine materielle Form geben. Die einfachste Möglichkeit ist, sie auf ein Flipchart-Blatt zu schreiben oder großformatig als Poster zu drucken und dann im Teamraum und an anderen exponierten Stellen aufzuhängen. Vielleicht wird sie aber auch als Mousepad an jeden Arbeitsplatz gelegt, geht in Form einer Kaffeetasse von Hand zu Hand oder wird als T-Shirt von den Teams getragen. Ganz gleich auf welche Weise man der Vision des Produkts Gestalt gibt: Entscheidend ist, dass die Menschen, die an ihrer Verwirklichung arbeiten, sich damit identifizieren können und begeistert, motiviert und engagiert bei der Sache sind.

Eine besondere Form, der Vision Gestalt zu verleihen, ist das Anfertigen eines Produktkartons. Als Basis eignet sich ein kleines Packset der Post oder jeder andere Karton von handlicher Größe. Mit weißem oder buntem Papier beklebt, entsteht eine Produktverpackung, auf die man zum Beispiel auf der Frontseite ein Logo oder eine metaphorische Abbildung für das geplante Produkt platzieren kann. Darüber oder darunter prangt groß und deutlich der Produktname. Auf der Rückseite und an den Seiten ist ausreichend Platz, um, analog zu einer Produktverpackung aus dem Supermarktregal, gemeinsam mit dem Kunden die Kern-Features, die unschlagbaren Vorteile, funktionale und nicht funktionale Eigenschaften und unerlässliche Parameter zusammenzutragen und aufzuschreiben, die die Einzigartigkeit des Produkts ausmachen. Ein derart gestalteter Karton kann im Teamraum jederzeit zur Hand genommen werden, um sich noch einmal die Vision bewusst zu machen, und zum ständigen Begleiter in Meetings werden, um den Blick, die Gedanken und den Fokus immer wieder auf das Produkt zu lenken.

Release-Plan

Mit der Einführung von Scrum wird am Anfang des Projekts kein umfassender Projektplan mehr erstellt, der die Illusion nährt, man könne in einer frühen Phase des Projekts bereits alle Eventualitäten vorhersehen, detailliert planen und muss am Ende diesen Plan nur noch minutiös ausführen, um das Produkt erfolgreich zu entwickeln und zufriedene Kunden zu haben.

Es gibt agile Projekte, die ganz auf einen Release-Plan verzichten und stets nur für die nächste Iteration sehr genau und für ein bis zwei weitere grob vorausplanen, welche Anforderungen umgesetzt und welche Features entwickelt und ausgeliefert werden können. Sind die Projekte überschaubar und relativ unkritisch, kann man auf diese Weise vorgehen.

Sobald die Projekte größer und komplexer werden, wird auch in Scrum ein Release-Plan benötigt. Er setzt auf den aktuellen Schätzungen im Product Backlog und auf der mittleren Entwicklungsgeschwindigkeit (Velocity) des Entwicklungsteams auf. Geht man davon aus, dass Projekte in Scrum lediglich eine Aneinanderreihung von Sprints darstellen, kann man mittels der beiden Größen (Schätzungen und Velocity) eine Vorhersage dazu treffen, wie viele Sprints etwa erforderlich sind, um bestimmte Funktionalitäten zu entwickeln und bereitzustellen. So lässt sich grob planen, in welcher Reihenfolge Anforderungen umgesetzt werden sollen und bis wann dem Kunden und den Anwendern eine neue Produktversion mit erweitertem Funktionsumfang zur Verfügung gestellt werden kann. Je weiter man dabei in die Zukunft schaut, desto unsicherer werden die Vorhersagen, denn zum einen nimmt die Granularität der Backlog Items ab, zum anderen werden die zugehörigen Schätzungen immer gröber.

Da das Scrum-Team mit jedem Sprint neue Erfahrungen hinzugewinnt, die wieder auf das Product Backlog zurückwirken, wird somit auch der Release-Plan in Scrum zu einem lebenden, sich beständig weiterentwickelnden Artefakt, das immer den aktuellen Stand der Erkenntnisse im Projekt berücksichtigt und in die Zukunft projiziert. Weiterführende Informationen zur Release-Planung findet man unter anderem in [Pichler 2007].

Selected Product Backlog

Das Selected Product Backlog ist eine Liste von Backlog Items, die der Product Owner ausgewählt hat, um sie im nächsten Sprint vom Team umsetzen zu lassen. Dabei wird es sich in der Regel um die am genauesten spezifizierten und von der Rangfolge wichtigsten Items des Product Backlogs handeln. Das ist jedoch nicht zwingend notwendig.

Das Selected Product Backlog entsteht, wenn sich der Product Owner auf das kommende Sprint Planning vorbereitet. Dabei hat er den Release-Plan und mögliche nächste Auslieferungen im Blick. Abhängig vom Ergebnis des aktuellen Sprint Reviews können noch kurzfristige Anpassungen erforderlich werden. Im ersten Teil des Sprint Plannings stellt der Product Owner dann die Backlog Items aus dem Selected Product Backlog vor. Das Team akzeptiert nur so viele Items, wie es im kommenden Sprint tatsächlich schaffen kann. Diese vom Team getroffene Auswahl ist das oben beschriebene Sprint Backlog.

Taskboard

Das Taskboard ist, ganz gleich ob real oder virtuell, die (be-)greifbare Visualisierung des Sprint Backlogs. Es besteht oft aus vier Spalten (Abbildung 3-6). In der ersten sind die Backlog Items des Sprints gemäß ihrer Rang- und Reihenfolge von oben nach unten angeordnet. In der zweiten, mit *To Do* überschriebenen Spalte sind die Taskzettel für die Teilaufgaben befestigt, die das Team für die Realisierung der Items geplant hat und deren Umsetzung noch aussteht. Die dritte Spalte ist oft mit *In Progress* überschrieben. In ihr finden sich die Taskzettel, an denen gerade gearbeitet wird. Die vierte und letzte Spalte heißt *Done* oder *Fertig*. Hier hängen die fertig (*Done*) bearbeiteten Taskzettel, und am Ende, wenn alle zugehörigen Aufgaben abgearbeitet sind, hängt hier auch der Zettel, der das Backlog Item repräsentiert (z. B. eine Story Card).

Das Taskboard ist gleichermaßen Steuerungs- und Reporting-Tool. Zum Daily Scrum trifft sich das Entwicklungsteam am Taskboard, um gemeinsam über den Fortschritt bei der Umsetzung der geplan-

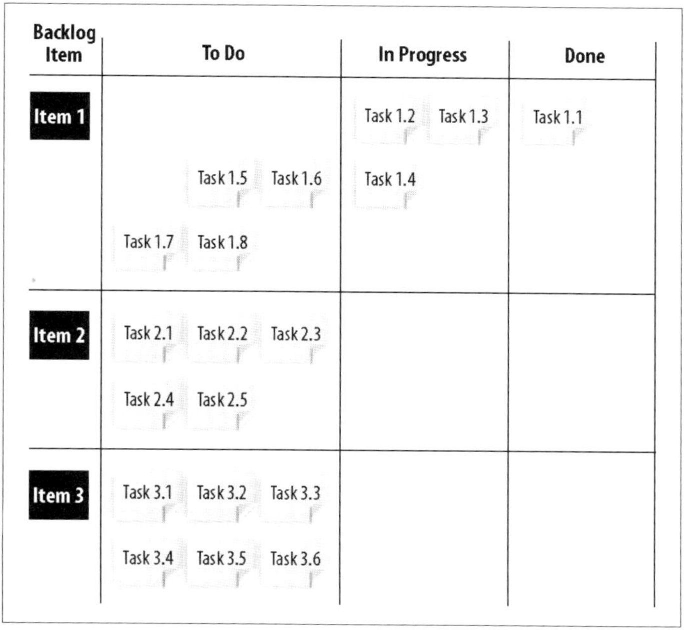

Backlog Item	To Do			In Progress		Done
Item 1				Task 1.2 Task 1.3		Task 1.1
		Task 1.5	Task 1.6	Task 1.4		
	Task 1.7	Task 1.8				
Item 2	Task 2.1	Task 2.2	Task 2.3			
	Task 2.4	Task 2.5				
Item 3	Task 3.1	Task 3.2	Task 3.3			
	Task 3.4	Task 3.5	Task 3.6			

Abbildung 3-6: Struktur eines Taskboards

ten Aufgaben und die Wahrscheinlichkeit der Erreichung des Sprint-Ziels zu reflektieren sowie die nächsten 24 Stunden des Sprints zu planen. Im Laufe des Meetings wandern Aufgabenzettel auf dem Board von links nach rechts, von *To Do* zu *In Progress* und von dort weiter zu *Done*, wenn sie den Kriterien der Definition of Done genügen. Das Taskboard spiegelt so immer den tagesaktuellen Status des Sprints wider.

Das Taskboard gibt auch Auskunft darüber, ob das Entwicklungsteam fokussiert an der Realisierung des Sprint-Ziels arbeitet. Sind nur wenige Backlog Items in Arbeit und werden sie der Reihe nach von oben nach unten in Angriff genommen und umgesetzt, dann ist klar, dass das Team alle Kräfte auf die wesentlichen Aufgaben konzentriert. Wurden hingegen die meisten oder alle Items bereits begonnen und ist auch nach mehreren Tagen Arbeit noch keines von ihnen fertig umgesetzt, kann das ein Zeichen dafür sein, dass es bei der Realisierung der Anforderungen Probleme gibt oder Hindernisse, die bisher nicht benannt waren und die Arbeit blockieren. Spätestens jetzt sollte der Scrum Master aktiv werden.

Das Taskboard signalisiert sehr früh, wenn die Umsetzung der Anforderungen aufwendiger ist als ursprünglich gedacht. Wenn alle Teilaufgaben so geplant wurden, dass sie innerhalb eines Tages umgesetzt werden können, weisen Taskzettel, die länger als einen Tag in der *In Progress*-Spalte hängen, unter Umständen darauf hin, dass Unvorhergesehenes den Aufwand erhöht hat oder externe Zulieferungen verzögert eintreffen. Der Scrum Master kann diese Taskzettel markieren (z. B. mit einem roten Punkt) und sollte sie zumindest im kommenden Daily Scrum im Auge behalten. Gibt es am Ende des Sprints eine Häufung von derart markierten Zetteln, empfiehlt es sich, in der Retrospektive nach den Ursachen zu forschen und gegebenenfalls Verbesserungsmaßnahmen zu erarbeiten.

Inzwischen gibt es eine Vielzahl elektronischer Tools, die virtuelle Taskboards zur Verfügung stellen. Einige Überlegungen, weshalb es sich dennoch lohnt, ein physisches Taskboard im Teamraum aufzustellen und mit Pin und Pappe zu arbeiten, sind in [Dräther 2012] beschrieben.

Impediment Backlog

Es gibt gute Gründe dafür, die Hindernisse (Impediments), die einem Projekt im Wege stehen, in eine Liste aufzunehmen (das Impediment Backlog) und dort nachzuhalten: Entweder hat ein Projekt sehr viele Hindernisse erkannt, oder die Beseitigung der Hindernisse dauert lange oder ist besonders aufwendig. Mithilfe des Impediment Backlogs sind sowohl die Anzahl als auch der Bearbeitungsstand der Impediments jederzeit für jeden sichtbar. Vor allem beim Einsatz elektronischer Tools birgt ein Impediment Backlog jedoch die Gefahr, die Hindernisse eher zu verwalten als aktiv aus dem Weg zu räumen. Deshalb an dieser Stelle noch einmal der Hinweis:

Hindernisse werden beseitigt, nicht verwaltet!

Burndown Chart

In Scrum ist in der Regel nicht von Interesse, wie lange bereits an einem bestimmten Backlog Item gearbeitet wurde. Es interessiert lediglich der verbleibende Restaufwand, der für die Fertigstellung noch zu leisten ist. Zur Visualisierung der Abschätzung der im Sprint noch zu leistenden Arbeit kommen oft Burndown Charts zum Einsatz (Abbildung 3-7).

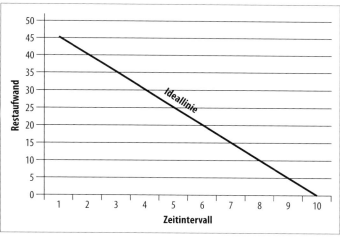

Abbildung 3-7: Schematisches Burndown Chart

Auf der x-Achse werden immer die Zeitintervalle aufgetragen, für die der Restaufwand bewertet werden soll. In einem Sprint Burndown Chart sind dies die einzelnen Arbeitstage eines Sprints, bei einem Release Burndown Chart die geplanten Sprints des Releases.

Auf der y-Achse wird in Abhängigkeit vom Einsatzzweck der ermittelte Restaufwand zum Zeitpunkt x aufgetragen und mit einer theoretisch berechneten Ideallinie verglichen. Die ermittelten Abweichungen fließen in die Steuerung der aktuellen und kommenden Planung ein. Die so erhobenen Daten machen den Entwicklungsfortschritt sichtbar und fördern die Selbstorganisation des Teams, denn ist der tatsächliche Fortschritt geringer als erwartet, kann das Team Maßnahmen beschließen, um die Entwicklungsgeschwindigkeit anzupassen und die Verzögerungen wieder aufzuholen. Der Product Owner erhält zeitnah ein Feedback dazu, ob das angestrebte Ziel erreicht wird. Entwicklungsteam und Product Owner können frühzeitig darüber beraten, ob es sinnvoll sein kann, den geplanten Lieferumfang zugunsten einer pünktlichen Lieferung zu reduzieren.

Release Burndown Chart

Zur Unterstützung der Release-Planung kann ein Burndown Chart eingesetzt werden, bei dem der Restaufwand auf die zukünftigen Sprints verteilt wird. Grundlage dieser Berechnung sind die Backlog Items im Product Backlog, deren geschätzte Größe und die Velocity des Teams. Auf diese Weise ermittelt man für das betrachtete Release, nach wie vielen Sprints alle geplanten Anforderungen auf Basis der aktuellen Schätzungen umgesetzt sein können (Ideallinie). Die in den Sprints tatsächlich implementierten Funktionalitäten und die somit »heruntergebrannten« Restaufwände werden dieser Prognose gegenübergestellt und liefern ein frühes Feedback dazu, wie verlässlich die Vorhersage zum gegenwärtigen Zeitpunkt noch ist. Die so gewonnene Transparenz ermöglicht frühes Eingreifen und Gegensteuern.

Sprint Burndown Chart

Im Sprint gibt es verschiedene Möglichkeiten, den Entwicklungsfortschritt bzw. den verbleibenden Restaufwand auf der Basis von Burndown Charts zu visualisieren.

Story Burndown. Auf der y-Achse wird die Anzahl der zum aktuellen Zeitpunkt noch offenen Backlog Items (z. B. User Stories, daher der Name) aufgetragen. Am ersten Tag ist das die Gesamtzahl aller eingeplanten Items. Immer wenn ein Backlog Item umgesetzt und fertig ist (im Sinne der Definition of Done), reduziert sich die Anzahl um eins. Alternativ kann man die geschätzte Gesamtkomplexität aller Sprint Backlog Items in Punkten zugrunde legen und für jedes umgesetze Item die ihm zugeordneten Story Points von der Gesamtsumme subtrahieren. Auf diese Weise gibt das Chart den tatsächlichen Fortschritt noch deutlicher wieder (Abbildung 3-8).

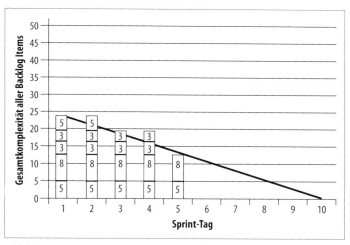

Abbildung 3-8: Story Burndown Chart mit Gesamtkomplexität aller Backlog Items

Anhand dieses Burndowns lässt sich zum Beispiel ablesen, ob es das Team schafft, kontinuierlich Backlog Items zu implementieren oder ob alle Items eher gegen Ende des Sprints erdrutschartig fertiggestellt werden. Letzteres kann eine Folge von fehlender Fokussierung und zu viel paralleler Arbeit im Sprint sein. So liefert dieses einfache Chart bereits guten Input für die Retrospektive.

Task Burndown. In diesem Burndown Chart wird die Anzahl der noch nicht abgearbeiteten Tasks gegen die Anzahl an Tagen im Sprint abgetragen (Abbildung 3-9). Auch diese einfache Darstellung liefert sehr aufschlussreiche Informationen. Die Grundannahme ist, dass die Anzahl der umzusetzenden Aufgaben im Verlauf des Sprints kontinuierlich und gleichmäßig abnimmt, da der Umfang aller Tasks maximal einen Arbeitstag beträgt. Aus unterschiedlichsten Gründen kann es jedoch immer wieder vorkommen, dass die Abarbeitung stagniert oder die Anzahl der Tasks sogar zunimmt und sich der Restaufwand von einem Tag zum anderen scheinbar erhöht. Solche »Sprungschanzen« können Hinweise darauf liefern, dass das Team im zweiten Teil des Sprint Plannings komplexe Sachverhalte übersehen oder ihren Aufwand zu gering bewertet hat. Sie können aber auch Indiz dafür sein, dass bestimmte Aspekte gar nicht in die Planung einbezogen wurden und nun im Laufe des Sprints nachgeplant werden müssen. Egal welche Ursachen zugrunde liegen: Weicht die Kurve deutlich von einer stetig fallenden Tendenz ab, empfiehlt es sich, im Rahmen einer sofort einberufenen Retrospektive darüber zu reflektieren.

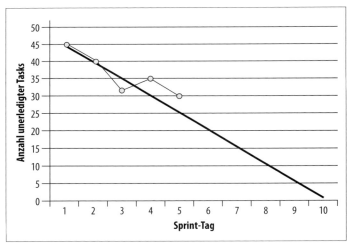

Abbildung 3-9: Task Burndown Chart

Tages- oder Stunden-Burndown. Hat das Entwicklungsteam den Aufwand aller geplanten Aufgaben im Sprint Backlog geschätzt, kann auf dieser Basis ein Burndown Chart gezeichnet werden. Dazu muss täglich vor dem Daily Scrum für alle Tasks, die sich *In Progress* befinden und noch nicht abgeschlossen sind, der verbleibende Restaufwand geschätzt werden. Das kann zum Beispiel auf Stundenbasis erfolgen. Eine etwas gröbere, aber nicht minder aussagekräftige Variante geht davon aus, dass jede Teilaufgabe in maximal einem Tag umgesetzt werden kann, und ermittelt den Aufwand einer Aufgabe in Vierteltagesschritten (0,25, 0,5, 0,75, 1). Wieder wird der Restaufwand gegen die Tage des Sprints aufgetragen. Die Erwartung ist, dass sich der Kurvenverlauf der Ideallinie annähert.

Liegen die realen Werte unterhalb der theoretischen Kurve, hat das Team mehr geschafft, als bis zu diesem Zeitpunkt prognostiziert war. Es hat somit unter Umständen am Ende des Sprints freie Kapazitäten, die es zum Beispiel für Prozessverbesserungen verwenden kann. Liegen die realen Werte dauerhaft oberhalb der Ideallinie, hat das Team weniger Aufwand »heruntergebrannt«, als aufgrund seiner Kapazität zu erwarten war. Das bedeutet für die verbleibende Zeit im Sprint, dass der Restaufwand die zur Verfügung stehende Kapazität des Teams übersteigt. Kleinere Abweichungen können sich aufgrund von Schätzabweichungen in beide Richtungen noch ausgleichen. Bleibt jedoch regelmäßig am Ende des Sprints Aufwand übrig, sollte das ein Thema in einer der nächsten Retrospektiven sein.

Neben der Burndown-Variante gibt es auch die Möglichkeit, ein Burnup Chart zu zeichnen. Die Vorgehensweise ist analog, nur wird dieses Mal täglich vom Gesamtaufwand der verbleibende Restaufwand abgezogen und der so ermittelte Wert für den bereits geleisteten Aufwand über den Tagen des Sprints aufgetragen. Ziel ist dann, dass am Ende der gesamte Aufwand erledigt und damit die Kurve im Maximalwert angekommen ist. Man beachte dabei jedoch, dass der so errechnete umgesetzte Aufwand nichts mit tatsächlich investierten Aufwänden zu tun hat. Diese realen Aufwände interessieren auch in diesem Fall lediglich als Daten zur Ermittlung einer möglichen Schätzabweichung und werden in der Regel nicht erhoben.

Team Backlog

Ein Team Backlog ist eine Liste von Aufgaben, die das Team zur Verbesserung seiner eigenen Performance, des Entwicklungsprozesses, seiner technischen Infrastruktur oder anderer Parameter im

Laufe des Projekts in Angriff zu nehmen gedenkt. Solche Aufgaben oder Maßnahmen werden regelmäßig in den Retrospektiven erarbeitet. Nicht immer kann man jede Maßnahme sofort umsetzen. Die begrenzten zeitlichen Kapazitäten machen eine Fokussierung auf die im Augenblick wichtigsten Anpassungen erforderlich. Andere Aufgaben werden deshalb bewusst zurückgestellt.

Nun kann man nach dem Prinzip »Was wirklich wichtig ist, kommt wieder« verfahren und darauf vertrauen, dass die zurückgestellten Verbesserungspotenziale, wenn sie tatsächlich relevant sind, in einer der kommenden Retrospektiven wieder erarbeitet werden. Dann kann man sie vorerst einfach vergessen und sich nicht weiter mit ihnen belasten.

Alternativ kann man diese Aufgaben in ein Team Backlog aufnehmen, in eine Rang- und Reihenfolge bringen, regelmäßig einem Review unterziehen und eine nach der anderen umsetzen.

Velocity Chart

Unter der Velocity eines Entwicklungsteams versteht man die Anzahl der in einem Sprint umgesetzten Story Points. Trägt man diesen Wert fortlaufend gegen die Sprint-Nummer in ein Diagramm ein, entsteht das Velocity Chart. Es liefert einen Überblick darüber, wie sich die Velocity des Teams über die Zeit entwickelt. So lässt sich auf einfache Weise ermitteln, wie viel das Team durchschnittlich je Sprint schaffen kann. Das unterstützt sowohl die kurz- als auch die mittel- bis langfristige Planung. Das Wissen um die mittlere Velocity versetzt den Product Owner zum Beispiel in die Lage, abzuschätzen, bis wann bestimmte Funktionalitäten entwickelt und ausgeliefert werden können, und verbessert somit die Qualität der Release-Planung.

Eine denkbare Erweiterung kann es sein, neben der Anzahl *gelieferter* Story Points auch die am Beginn jedes Sprints *eingeplante* Menge einzutragen. Das so erweiterte Diagramm liefert dann zusätzlich Informationen zur Verlässlichkeit von Schätzung und Planung und hilft dem Team, sich mittels Inspect and Adapt auf diesem Gebiet kontinuierlich zu verbessern.

Regeln für die Zusammenarbeit

In einer der ersten Retrospektiven erarbeitet das Entwicklungsteam zusammen mit dem Scrum Master seine eigenen Regeln für die Zusammenarbeit in Meetings [Derby 2006]. Zum Beispiel kann das Team festschreiben, dass

- jeder gehört wird und ausreden darf,
- immer nur einer nach dem anderen spricht,
- jeder eine maximale Sprechzeit von 3 Minuten zur Verfügung hat,
- ein Notebook nur von demjenigen benutzt werden darf, der gerade präsentiert,
- alle Telefone während des Meetings stumm zu schalten sind.

Ein solches kleines Regelwerk zu erstellen, kann einmalig etwa 10 bis 15 Minuten in Anspruch nehmen, zahlt sich jedoch in späteren Retrospektiven und allen anderen Meetings aus. Dann braucht es nur noch ein kurzes Review dieser Regeln, und schon sind sie bei allen für das anstehende Meeting wieder präsent.

Weshalb es sich lohnt, solche Regeln zu erarbeiten, zeigt das folgende Beispiel: Das Handy eines Teilnehmers klingelt genau zu dem Zeitpunkt, als das Team gemeinsam ein sensibles Problem bearbeitet. Jetzt als Moderator zu verbieten, den Anruf entgegenzunehmen, fühlt sich für alle Beteiligten zumindest befremdlich an, kann eine längere Diskussion nach sich ziehen und stört auf jeden Fall die Fokussierung des Teams auf das eigentliche Thema. Wurde ein solcher Fall vorher besprochen und festgeschrieben, genügt ein Verweis auf die Regeln, und die Arbeit kann weitergehen. Das ist weniger störend und für alle Teilnehmer transparent und fair.

Indem das Team seine eigenen Regeln aufstellt, übernimmt jedes Teammitglied Verantwortung für deren Einhaltung. Das kann sich der Moderator zunutze machen und am Beginn eines Meetings die Teammitglieder bitten, ihn zu unterstützen und auf die Regeln zu achten. Damit gewinnt er selbst mehr Freiraum für die Moderation.

Dieses minimale Regelwerk kann, auf ein Flipchart-Blatt geschrieben oder großformatig gedruckt, omnipräsent im Teamraum aufgehängt und in jedes Meeting mitgenommen werden.

Themen und Themenpark

Wenn Backlog Items für die Umsetzung in einem Sprint ausreichend vorbereitet sind, haben sie oft eine sehr feine Granularität erreicht. Sie liefern in der Regel nach ihrer Umsetzung dem Kunden ein Mindestmaß an Geschäftswert, bieten jedoch oft erst im Zusammenspiel mit anderen, inhaltlich ähnlichen Items einen wirklichen Mehrwert. Solche Anforderungen kann man zu Themen zusammenfassen [Pichler 2007]. Das bietet vor allem für den Product Owner den Vorteil, dass er im Product Backlog leichter den Überblick behält, seine Freigabeentscheidungen am Fertigstellungsgrad kompletter Gruppen von Anforderungen (Features) orientieren kann und beim Priorisieren und der Planung der kommenden Sprints auf der Basis grobgranularer Module arbeiten kann.

Ein Themenpark ist ein Bericht, der den Fertigstellungsgrad einzelner Themen sichtbar macht [Pichler 2007]. Das setzt voraus, dass im Backlog mit Themen gearbeitet wird. Der Themenpark verschafft dem Product Owner einen Überblick darüber, welche Themen nahezu vollständig umgesetzt und somit potenziell reif für eine Freigabe sind. Das erleichtert die Planung der kommenden Sprints und hilft, den Release-Plan zu überdenken und gegebenenfalls anzupassen.

KAPITEL 4

Scrum im Einsatz

Alle vorangegangenen Kapitel haben Scrum vorwiegend aus der Sicht der »reinen Lehre« betrachtet. Das nun folgende Kapitel beleuchtet Themen, die für den konkreten Einsatz von Scrum in der Produktentwicklung von Bedeutung sind. Dabei wird der Bogen von der Vision über Anforderungen, iterativ-inkrementelles Vorgehen und Release-Management bis hin zur Wartung (Maintenance) gespannt. Anschließend schlagen wir exemplarisch einige Pfade vom Status Quo zur konkreten Anwendung von Scrum ein. Der Bezug zur praktischen Erfahrung soll dem Leser helfen, seinen eigenen erfolgreichen Weg mit Scrum zu finden. Das Kapitel schließt mit einem kurzen Ausblick auf verschiedene Bereiche agilen Vorgehens, darunter Agile Software Engineering, Software Craftsmanship und das Arbeiten mit mehreren oder mit verteilten Scrum-Teams.

Produktentwicklung mit Scrum

Wer Scrum richtig anwenden und die Arbeitsweise eines selbstorganisierten Teams erleben will, muss die Prinzipien hinter der Mechanik kennen und verstehen. In diesem Kapitel beschreiben wir den Werdegang beginnend mit der ersten Idee zum Produkt, der Vision und den konkreten Anforderungen dazu, die priorisiert und geschätzt werden. Anschließend gehen diese Anforderungen in die Entwicklung und durchlaufen dort einen kleinen Lebenszyklus, bis sie schließlich den Großteil ihres Lebens in der sogenannten Wartungsphase (engl. Maintenance) verbringen, der dann aber nicht mehr Bestandteil des Scrum-Entwicklungsprozesses ist.

Vision und Ziele

Visionen und Ziele sind zwei grundsätzlich verschiedene Dinge, die häufig miteinander verwechselt werden. In diesem Abschnitt werden wir zunächst beide Begriffe definieren, die Unterschiede herausstellen und beschreiben, wer für die Vision zuständig ist und wie man im täglichen Leben mit der Vision umgehen sollte.

Visionen

In anderen Kontexten ist der Begriff Vision manchmal negativ belegt, für Scrum gilt dies nicht. Hier ist die Vision der Leitstrahl, an dem sich ein Projekt orientiert. Fehlt dieser Leitstrahl, ist eine sinnvolle Priorisierung der Anforderungen nicht möglich.

Aber was genau ist eine Vision? Eine Vision ist eine emotionale, mitreißende Formulierung, die den Rahmen für das Produkt absteckt. Sie muss nicht unbedingt realistisch erreichbar sein, aber die Richtung vorgeben. Wenn man im Zweifel ist, wie man ein bestimmtes Feature umsetzen soll, sollte man die Vision anschauen und dort eine Antwort finden.

Ein kurzer Text reicht dafür nicht. Die Vision beschreibt eine Zielgruppe, für die das Projekt gedacht ist, Bedürfnisse, die diese Zielgruppe hat, und einige Schlüsselfunktionalitäten, die diese Bedürfnisse befriedigen – vielleicht drei bis fünf Funktionen, nur die wichtigsten, damit man die grundsätzliche Produktidee versteht.

Ein Beispiel, das in diesem Zusammenhang helfen kann, stammt von Steve Jobs. Dessen Vision war es, ein revolutionäres Mobiltelefon zu bauen. Die Zielgruppe war in dem Fall klar (alle Telefonnutzer), und die Bedürfnisse hat er ebenfalls sehr gut beschrieben: Ein neues Eingabemedium, bessere Bedienbarkeit und ein höherer Funktionsumfang, denn die übliche Tastatur der Smartphones passt sich nicht an die unterschiedlichen ausführbaren Programme an, die Bedienung ist alles andere als einfach und der Funktionsumfang recht mager. Die Key Features sind ebenfalls schnell aufgezählt: ein iPod mit Touch Control, ein Mobiltelefon mit revolutionärer Benutzeroberfläche und ein mächtiger Internetclient, dazu ein ausgereiftes Betriebssystem und ein stilvolles Aussehen.

Wer die Emotionalität und das Mitreißende dieser Vision erleben möchte, der sollte bei YouTube nachschauen (Suchwörter »Steve Jobs Vision iPhone«) und sich am Szenenapplaus erfreuen.

Ziele

Ziele hingegen sind etwas völlig anderes: Ein Ziel ist die Beschreibung eines zu erreichenden Endzustands im Sinne einer Vorgabe, die es zu erfüllen gilt. Selbstverständlich möchte man mit einem Produkt auch Ziele erreichen, z. B. bestimmte Umsatzziele, Marktanteile oder dergleichen. Ziele sind also messbar und erreichbar, wohingegen eine Vision nur eine Richtung vorgibt, die Gestaltungsfreiraum lässt.

Wenn wir von Teamleistung sprechen und davon, wie man ein Team dazu bringt, wirklich Herausragendes zu erreichen, darf man den Teammitgliedern keine Ziele vorgeben. Die Vorgabe von Zielen ist Mikromanagement in seiner schlechtesten Form. Sie tötet die Kreativität der Entwickler und degradiert sie zu Befehlsempfängern, die lediglich Vorgaben umsetzen. Wirklich gute Produkte entstehen nur, wenn die Teammitglieder mitdenken, eigene Ideen einbringen dürfen und deshalb Spaß an ihrer Arbeit haben. Das funktioniert aber nur, wenn man mit einer guten Vision die Leitplanken definiert, innerhalb deren sich die Teammitglieder tummeln und in diesem Rahmen ihrer Fantasie freien Lauf lassen können.

Ziele engen den Horizont ein, weil man nicht mehr nach Alternativen sucht, sondern nur das vorgegebene Ziel erreichen möchte. Dadurch verbaut man sich möglicherweise die »bessere Lösung«. Als vergleichbare Situation mag der vom Lebenspartner geschriebene Einkaufszettel dienen, den man »abarbeiten« muss. Man konzentriert sich nur auf die Dinge auf dem Zettel (die Zieldefinition) und schaut nicht, was es an sinnvollen Ergänzungen gäbe. So entgehen einem Sonderangebote, besonders gut aussehende frische Ware oder einfach passende Ergänzungen zur Zieldefinition.

Die Anforderungen, die wir im nächsten Abschnitt etwas genauer beleuchten wollen, dienen dazu, die Vision eines Produkts zu erfüllen. Während Ziele wie oben beschrieben messbar und erreichbar, aber eben abstrakt sind, stellen Anforderungen (im Folgenden auch als »Features« bezeichnet) konkrete Eigenschaften dar, die vom Produkt gefordert werden. Immer wenn man überlegt, wie man eine Anforderung konkret umsetzen soll, kann ein Blick auf die Vision helfen. Um bei dem Beispiel des iPhone zu bleiben, haben sich die Produktverantwortlichen sicher gefragt, welches Eingabemedium sie verwenden sollen. Eine Tastatur fällt auf jeden Fall schon mal aus, das hatten die gängigen Smartphones damals alle. Dann hat man vermutlich überlegt, ob man eine Art Stift verwenden soll, aber auch das erfüllt nicht den Anspruch »revolutionär«. Und so ist man schlussendlich auf das natürlichste Eingabemedium der Welt gekommen, nämlich die eigenen Finger auf einem Touchscreen. Revolutionär, weil noch nie da gewesen, und wirklich cool, wenn man die zusätzlichen Features betrachtet, wie z. B. Multigestures, die automatisch erkennen, wie viele Finger gleichzeitig in welche Richtung streichen.

Zuständigkeiten

Wer ist zuständig für die Vision eines Produkts? Dies ist eindeutig Sache des Product Owners. Seine Aufgabe ist es, die Vision zu formulieren, die Zielgruppe und deren Bedürfnisse zu identifizieren und auch allererste Key Features zu definieren. Möglicherweise macht er dies nicht allein, sondern mithilfe der Stakeholder, vielleicht sogar mithilfe der Vertriebs- und Marketingabteilungen seines Unternehmens. Die Mitarbeiter dort kennen den Markt und die Zielgruppe und können wertvolle Hinweise dazu geben, was dort als wirklich wichtig erachtet wird.

Und genau dies ist entscheidend: Die Vision ist nichts für die Schublade! Bei den Meetings (siehe Abschnitt »Meetings« auf Seite 72) finden wir eines mit dem Namen »Produktvision teilen«. Die Vision ist nicht nur für die Öffentlichkeit bestimmt. Sie ist in erster Linie für alle Projektmitarbeiter wichtig. Jeder im Projekt muss die Vision kennen und verstehen, sonst kann er nicht mit seiner Arbeit dazu beitragen, dass die Vision erfüllt wird. Ist dies nicht der Fall, geht alle Anstrengung an der Vision vorbei und ist damit fehlgerichtet.

Deshalb ist es nicht nur eine gute Idee, die Vision vom Product Owner vorgestellt zu bekommen, sondern auch, die Vision in ausgedruckter Form in jeden Teamraum zu hängen. So hat jeder die Vision im wahrsten Sinne des Wortes vor Augen und kann sie in seiner täglichen Arbeit als Richtschnur verwenden.

Anforderungen

Anforderungen sind die Wünsche des Product Owners an das zu entwickelnde Produkt. Dies ist die vollständige, wenn auch sehr allgemeine Beschreibung, die deshalb noch konkretisiert werden muss. Features sind Eigenschaften des fertigen Produkts, die diese Anforderungen erfüllen.

Im Abschnitt »Visionen« auf Seite 120 haben wir gesehen, wie man die grobe Richtung bei der Produktentwicklung vorgibt. Bei den Anforderungen müssen wir nun konkreter werden.

INVEST-Kriterien

Anforderungen genügen üblicherweise einer bestimmten äußeren Form, die wir uns gleich näher anschauen werden. Aber in erster Linie erfüllen sie bestimmte Kriterien, die INVEST-Kriterien. Diese wurden im Abschnitt »Product Backlog« auf Seite 97 bereits ausführlich beschrieben und sind hier zur Erinnerung noch einmal kurz erwähnt:

- I = Independent (unabhängig)
- N = Negotiable (verhandelbar)
- V = Valuable (wertvoll)
- E = Estimable (schätzbar)
- S = Sized appropriately bzw. Small (angemessen groß bzw. klein)
- T = Testable (testbar)

User Stories

In diesem Buch verwenden wir für eine (fachliche) Anforderung im Scrum-Kontext grundsätzlich den Begriff »Backlog Item« aus dem Scrum Guide. Anforderungen werden in Scrum-Projekten aber oft in sogenannten User Stories formuliert. Sie wurden erstmals von Mike Cohn in [Cohn 2004] beschrieben.

User Stories sind kurze, prägnante Beschreibungen zu einer Produkteigenschaft, die einen Wert entweder für den Nutzer oder den Käufer des Produkts haben.

Als äußere Form hat sich eine feste Formulierungsschablone etabliert:

»Als *Rolle* möchte ich *Beschreibung*, um *Nutzen* zu erreichen.«

Rolle
Softwaresysteme besitzen häufig ein Rollen- und Rechtekonzept. Deshalb ist es wichtig, zu unterscheiden, in welcher Rolle man eine Funktion ausführen möchte, da die Arbeitsweise je Rolle unterschiedlich sein kann. In einer Auftragserfassung mag es beispielsweise eine Rolle »Kunde« geben, der nur lesenden Zugriff auf die Auftragsdaten hat, eine Rolle »Sachbearbeiter«, der die Erfassung vornimmt und deshalb Schreibrechte auf die meisten Felder besitzt, und eine Rolle »Genehmiger«, der nach einer kurzen Qualitätssicherung den Auftrag wirklich erteilen kann. Außerdem kann die Unterscheidung nach Rollen dem Product Owner dabei helfen, User Stories zu finden, die sonst übersehen würden: Indem man sich in eine Rolle hineinversetzt, übernimmt man die Perspektive des Rolleninhabers und entdeckt so Details, die »von außen« nur schwer zu erkennen sind.

Beschreibung
Hier steht die eigentliche Funktionsbeschreibung. Es geht in diesem Teil nicht um vollständige Details, sondern um eine kurze Idee dazu, welche Produkteigenschaft gewünscht wird. Die Funktion wird aus fachlicher Sicht beschrieben (»... möchte ich die Liste der offenen Bestellungen sortieren kön-

nen ...«). Technische Details, die den Lösungsraum zu stark einschränken (»... möchte ich einen Button, mit dem ich die Liste sortieren kann ...«), sind hier wenig hilfreich.

Nutzen

Dieser leider oft vergessene Teil ist enorm wichtig. Denn nur wenn man weiß, warum jemand etwas möchte, kann man zielgerichtet eine sinnvolle Implementierung vornehmen und über Alternativen nachdenken, die dem Product Owner bisher nicht eingefallen sind.

Inhaltlich besteht eine User Story aus drei Elementen:

1. *Story Card:* Üblicherweise eine Karteikarte, ein Stück Karton oder ein Blatt Papier, auf dem die Story im oben genannten Format beschrieben ist.
2. *Unterhaltung über die Story:* Die kurze Formulierung ist von der Detailtiefe her zu knapp, als dass ein Entwickler weiß, was er implementieren soll. Deshalb muss es zwingend eine Unterhaltung über den Inhalt der Story geben, in der diese Details besprochen und verstanden werden. Die Unterhaltung über die Details der Story findet im Estimation Meeting (siehe Abschnitt »Estimation Meeting« auf Seite 83) statt und als kurze Wiederholung im ersten Teil des Sprint Plannings.
3. *Definition der Akzeptanzkriterien:* Diese werden aus praktischen Gründen gern auf die Rückseite der Story Card geschrieben. Am Ende des Sprints überprüft der Product Owner im Rahmen des Sprint Reviews für jede Story, inwieweit die Akzeptanzkriterien erfüllt sind. Nur wenn alle Akzeptanzkriterien erfüllt sind, gilt die Story als fertig (Done). Damit die Entwickler von Beginn an wissen, woran eine Story später gemessen wird, definiert der Product Owner bereits beim Schreiben der Story genau diese Kriterien. Beschreibt beispielsweise eine Story die Validierung von Bankdaten in einem Webshop, sollte hier definiert werden, welches Bankleitzahlformat akzeptiert werden soll, welche und wie viele Ziffern und Buchstaben in der Kontonummer enthalten sein dürfen usw. Dies erleichtert den Entwicklern die fokussierte Arbeit und garan-

tiert, dass das Ergebnis den Erwartungen des Product Owners entspricht und somit »das Richtige« entsteht.

Granularität der Anforderungen

Alle Anforderungen an das Produkt werden in einer Liste verwaltet, dem *Product Backlog*. Da Scrum ein schlanker (lean) Prozess ist, werden Informationen erst dann zur Verfügung gestellt, wenn sie benötigt werden. Jede Anforderung muss zwar im Backlog vorhanden sein, allerdings variiert die Granularität, wie wir im Abschnitt »Product Backlog« auf Seite 97 beschreiben und dort anhand der Backlog-Pyramide illustriert haben.

Priorisierung

Einer der fünf Scrum-Werte ist Fokus. Fokus bedeutet, sich auf eine Aufgabe zurzeit zu konzentrieren und sich insbesondere nicht von der schieren Masse aller Anforderungen eines großen Projekts erschlagen zu lassen.

Wenn nur eine Aufgabe zurzeit erledigt werden darf, muss eine Priorisierung aller aktuell in der Betrachtung befindlichen Anforderungen gegeben sein, damit das Entwicklungsteam weiß, in welcher Reihenfolge es die Aufgaben erledigen soll.

Priorisierung ist das in der Praxis meistverwendete Wort, wenn man von der Ordnung nach Wichtigkeit spricht, leider ist es aber ein wenig hilfreiches Wort. Fragt man einen Kunden nach der Priorisierung seiner Anforderungen, erhält man für 80 % der Anforderungen die Priorität 1, für die restlichen eine Priorität 2, und eine Priorität 3 existiert schon gar nicht mehr.

So kann man als Entwicklungsteam natürlich nicht arbeiten. Welche der Priorität-1-Anforderungen soll als Nächstes umgesetzt werden? Welche ist noch wichtiger als die anderen? Um solche Diskussionen mit dem Auftraggeber zu vermeiden, fordert Scrum, den Begriff »Priorität« durch »Reihenfolge« zu ersetzen. Bei einer Reihenfolge ist immer gewährleistet, dass keine zwei Anforderungen denselben Rang haben, und das Team weiß immer zuverlässig, welche die nächste Anforderung ist, die umgesetzt werden soll.

Aus diesem Grund ist Microsoft Excel (oder eine beliebige andere Tabellendarstellung) ein geeignetes Werkzeug, um Anforderungen zu verwalten. Zeilennummern sind unbestechlich, es gibt keine zwei Zeilen mit derselben Nummer!

Aber warum ist es so wichtig, alle Anforderungen in eine genaue Reihenfolge zu bringen?

Betrachten wir zunächst die Sprint-Ebene, also die Arbeitsebene der Entwicklungsteams: Wie im folgenden Abschnitt »Schätzen« auf Seite 128 ausführlich erklärt, wird die Planung für den kommenden Sprint vom Team selbst vorgenommen. Am Ende des zweiten Teils im Sprint Planning gibt das Team eine Prognose dazu ab, welche der Backlog Items es voraussichtlich erarbeiten wird, um damit das erklärte Sprint-Ziel zu erreichen. Nun sind dies alles aber noch immer nur Schätzungen. Unvorhersehbare Dinge können geschehen (z. B. Krankheit eines Teammitglieds oder eine vorab nicht erkennbare technische Komplexität) – mit dem Ergebnis, dass einige der »versprochenen« Anforderungen nicht umgesetzt werden können. In diesem Fall wollen wir aber sicher sein, dass die wichtigsten Features, die deshalb in der Reihenfolge weit oben stehen, fertig sind, um den Verlust möglichst gering zu halten. Insofern ist es auf Sprint-Ebene enorm wichtig, die Features in der richtigen Reihenfolge vorliegen zu haben (und in dieser Reihenfolge zu bearbeiten!).

Auf Release-Ebene sieht es ähnlich aus. Auch hier muss der Product Owner ein Gefühl dafür entwickeln, welche Anforderungen in welchem Release umgesetzt werden sollen. Die Marketingstrategie oder ein Kundenauftrag kann davon abhängen, dass die richtigen Dinge zur richtigen Zeit geliefert werden!

Auf Release-Ebene kommt noch ein weiterer Aspekt hinzu: Scrum ist so aufgebaut, dass man nicht nur die wichtigsten, sondern auch die riskantesten Dinge so früh wie möglich angeht. Was nützt es einem großen Projekt, wenn man 90 % aller Anforderungen umgesetzt hat, aber der technische Durchstich noch nicht erfolgt ist?

Man muss in agilen Projekten schon in einer sehr frühen Phase alle wesentlichen technischen und fachlichen Probleme zumindest im Ansatz so gelöst haben, dass die grundsätzliche Machbarkeit gewährleistet ist. Sonst ist der Projekterfolg massiv gefährdet.

Aus diesem Grund wird man bei der Priorisierung Wert darauf legen, alle wichtigen Anforderungsbereiche in einer frühen Phase einzuplanen, um dieses Risiko schnell ausschalten zu können.

Wie priorisiert man eigentlich, und wer tut es?

Die Frage der Verantwortlichkeit ist schnell geklärt: Der Product Owner ist derjenige, der die Priorisierung vornehmen muss. Schließlich trägt er die Verantwortung dafür, was umgesetzt wird und auch in welcher Reihenfolge. In der Release-Planung (auch eine Aufgabe des Product Owners) muss ebenfalls festgeschrieben sein, wann welches Feature geliefert werden kann. Die Marketingabteilung muss beispielsweise wissen, wann welche Werbeaktionen gestartet werden müssen, um maximalen Umsatz zu erzielen.

Wonach entscheidet der Product Owner aber nun, welches Feature wann an der Reihe ist? Hier kommt der Geschäftswert (engl. Business Value) ins Spiel (das »V« aus den INVEST-Kriterien). Jede Anforderung muss den Geschäftswert als Attribut bei sich tragen. Die Anforderungen mit dem höchsten Geschäftswert sollen zuerst umgesetzt werden. Falls einem Projekt das Geld ausgeht oder die Entwicklungszeit länger dauert als ursprünglich geplant, sind wenigstens die wichtigsten Features schon erledigt, da diese als Erstes umgesetzt wurden.

Schätzen

Bevor man mit der Entwicklung eines Produkts beginnt, muss man üblicherweise eine Vorhersage darüber treffen, wie aufwendig die geplante Entwicklung sein wird. Wie das geschieht, ist sehr unterschiedlich. Bei innovativen Neuentwicklungen mag das wichtigste Kriterium der Zeitfaktor sein, um gegenüber der Konkurrenz einen Marktvorteil zu erlangen. Bei der Ablösung von Altsystemen muss man häufig eine Wirtschaftlichkeitsrechnung erstellen, um zu belegen, dass sich die Entwicklung überhaupt lohnt. In jedem Fall wird man eine Kombination von Zeit- und Kostenvorhersage treffen müssen.

Noch offensichtlicher wird die Bedeutung des Schätzens, wenn das Umsetzungsteam von einem externen Dienstleister gestellt wird. In diesem Fall muss der Auftragnehmer in der Regel ein Angebot abgeben, zu welchem Preis und in welcher Zeit die Entwicklung machbar ist. Dies berührt zwar den Scrum-Prozess nicht, sorgt aber dafür, dass man sich vor der Umsetzung Gedanken darüber machen muss.

In jedem Fall handelt es sich immer lediglich um eine Schätzung, da genau dieses Produkt noch nie von genau dieser Mannschaft hergestellt wurde und man nur auf ähnliche Erfahrungswerte zugreifen kann.

Bei agilen Schätzverfahren schätzt immer das Team. Das hat mehrere Gründe:

- Die Teammitglieder sind die Experten! Sie haben Erfahrung in der Fachdomäne, mit den verwendeten Werkzeugen und den Kollegen, da sie schon ähnliche Features gebaut haben. Man sollte ohnehin immer diejenigen fragen, die am besten wissen, wie es geht.

- Teamschätzungen sind immer besser als Einzelschätzungen! Ein einzelner Mensch kann immer mal danebenliegen mit einer Schätzung. Dass aber ein Team von ca. sieben Leuten unabhängig voneinander danebenliegt, ist statistisch extrem unwahrscheinlich.

- Das Team muss es auch »ausbaden«! Das Team trifft am Ende des zweiten Teils vom Sprint Planning eine Aussage darüber, wie viel es im kommenden Sprint schaffen wird. Diese Aussage sollte schon so verbindlich sein, dass das Team alles normal Mögliche dafür tun wird, das Zugesagte im Sprint tatsächlich zu liefern. Wenn es also in seiner Schätzung danebengelegen hat, wird die Zeit knapp und der Stress größer. Auch wenn es in Scrum keine Bestrafung (z. B. in Form von Überstunden oder Wochenendarbeit) gibt und deshalb das Sprint-Ziel vermutlich

nicht erreicht wird, kann ein gutes Team daraus lernen und bei der nächsten Schätzung besser werden.
- Der »innere Antrieb« führt zu höherer Motivation! Da das Team die Schätzung selbst abgegeben hat, kann es niemandem die Schuld geben, wenn etwas danebengeht. Vorgaben anderer erfüllen zu müssen, ist ein Motivationskiller, seine eigenen Vorgaben zu erfüllen, bringt einen Motivationsschub.

Es gibt unterschiedliche agile Schätzverfahren. Wir werden hier das Planning Poker® vorstellen. Daneben gibt es aber auch noch weitere, wie z. B. [Team Estimation] oder [Magic Estimation].

Relatives Schätzen

Grundlage der agilen Schätzmethoden ist die Tatsache, dass die meisten Menschen ziemlich schlecht absolute Zahlen schätzen können (»Ich brauche für diese Website 3,5 Tage.«), aber erstaunlich gut Relationen erfassen können (»Für dieses Feature brauche ich sicher doppelt so lange wie für das andere.«). Das Ersetzen absoluter Werte durch relative führt zu Schätzungen mit einer erstaunlich hohen Genauigkeit.

Ein weiterer Unterschied zu klassischen Schätzverfahren besteht in der Trennung von Größe und Aufwand. Man denke sich einen Steinhaufen aus großen, schweren Steinen, die von einem Punkt A zu einem Punkt B transportiert werden müssen. Wird ein durchschnittlich gebauter Mann diese Arbeit verrichten, braucht er vielleicht drei Tage, bis der Stapel auf der anderen Seite ist. Bittet er noch drei Nachbarn um Unterstützung, ist der Haufen möglicherweise in einem Tag drüben. Nimmt er sogar einen Bagger zu Hilfe, ist er in einer Stunde fertig. Der Haufen hat aber in jedem Fall die gleiche Größe. Der Aufwand der Erfüllung einer Aufgabe ist also offenbar abhängig von der Anzahl der beteiligten Personen und der Werkzeugauswahl. Das ist der Grund, warum nur Größen und nicht Aufwände geschätzt werden: Man weiß noch nicht, wer (mit welchen Fähigkeiten und welchen Werkzeugen) die Aufgabe später übernehmen wird.

Story Points als Schätzeinheit

Um nicht in die Falle zu tappen, trotz guten Willens Entwicklertage zu schätzen, wird beim agilen Schätzen eine künstliche, bewusst abstrakte Maßeinheit verwendet: die Story Points. Diese lassen sich nicht in eine »echte« Einheit umrechnen.

Um der relativen Schätzweise Rechnung zu tragen, sind auch nicht alle möglichen Werte zulässig, sondern nur die Werte 1, 2, 3, 5, 8, 13, 20, 40 und 100. Grund dafür ist die Tatsache, dass es einfach nicht wichtig ist, ob ein Feature z. B. den Wert 42 oder 43 bekommt, schließlich geht es nur um die Größenordnung. Auch sind die einzelnen Werte nicht mathematisch exakt zu verstehen. So bedeutet eine 8 eigentlich einen Wert zwischen 5 und 13. Dieser pragmatische Ansatz erleichtert das Schätzen, da sich eine Gruppe von Personen leichter auf einen solchen Bereich einigen kann als auf eine exakte Zahl. Und außerdem ist und bleibt es nun mal eine Schätzung, sodass eine genauere Skalierung eine Exaktheit suggerieren würde, die tatsächlich nicht gegeben ist. Man erkennt die Ähnlichkeit zur Fibonacci-Folge, in der die Abstände zwischen den einzelnen Folgengliedern mit zunehmendem Wert größer werden. Auch dies hat seinen Sinn: Je größer der geschätzte Wert, desto größer ist die Ungenauigkeit, daher ist eine genauere Skalierung nicht sinnvoll.

Überhaupt ist die Größe einer Schätzung nicht nur ein Indiz dafür, wie lange das Team glaubt, für die Umsetzung eines Features zu brauchen, sondern bei den Werten 40 und 100 auch oft ein Zeichen dafür, dass das Team unsicher ist und nicht genau weiß, wie lange es brauchen wird. Das wiederum deutet darauf hin, dass das zu schätzende Backlog Item aus dem Product Backlog entweder zu groß ist oder noch nicht vollständig verstanden wurde. Aus diesem Grund wird ein gutes Scrum-Team (idealerweise sogar der Product Owner selbst) das Backlog Item bei einer solch hohen Schätzung wieder zurücknehmen und neu schneiden oder beim nächsten Mal besser erklären. Ab welchem Wert eine Schätzung offenbar nicht mehr akkurat ist, ist so unterschiedlich wie die Teams mit ihren Arbeitsweisen und Gewohnheiten selbst und muss von jedem Team individuell erarbeitet werden.

Estimation Meetings

Immer dann, wenn hinreichend viele neue Features zu schätzen sind, kann der Product Owner ein *Estimation Meeting* einberufen (siehe Abschnitt »Estimation Meeting« auf Seite 83). Wichtig ist nur, dass dieses Meeting zeitlich begrenzt (*timeboxed*) ist, weil sonst die Konzentration nachlässt und das Team den Fokus verliert. Die einzig wichtige Voraussetzung zur Schätzung ist, dass der Product Owner das Backlog Item selbst gut genug verstanden haben muss, um alle aufkommenden Fragen des Teams beantworten zu können, die unweigerlich während der Schätzung aufkommen werden. Diese Fragen sollen rein fachlicher Natur sein, da für die technische Umsetzung das Team selbst verantwortlich ist.

Auf folgende drei Aspekte muss sich der Product Owner vor dem Schätzen jedes Backlog Items vorbereiten:

- Fragen zum Sinn und Zweck der Anforderung: Manche Product Owner tendieren dazu, schon in Lösungen zu denken. So wünschen sie sich beispielsweise eine Auswahlliste (Dropdown-Liste) zur Auswahl eines Werts. Aus technischer Sicht kann es aber einfacher, ergonomischer oder günstiger sein, Radiobuttons, Tabulatoren oder ein Freitexteingabefeld vorzusehen. Erst durch die Beantwortung der Frage, was der Product Owner fachlich erreichen möchte, kann das Team beurteilen, welche der technischen Möglichkeiten die sinnvollste ist. Ein guter Product Owner wird dem Team nur erklären, wie die fachliche Anforderung aussieht, und ihm im Rahmen der Projektvorgaben (z. B. Style Guide) die freie Wahl bei der Implementierung lassen bzw. sich auf den Rat des Teams verlassen.

- Fragen zu Details, die in einem Backlog Item möglicherweise nicht beschrieben sind: Nichts ist schlimmer, als wenn der Product Owner implizite Annahmen getroffen hat, die in dem Backlog Item nicht enthalten sind. Dann nämlich wird das Team unweigerlich das Falsche bauen. Um diesem Missverständnis vorzubeugen, muss zumindest im mündlichen Gespräch alles auf den Tisch, was im Kopf des Product Owners herumschwirrt.

- Fragen zu vergleichbaren Features: Dies ist nicht zwingend notwendig, kann aber unglaublich helfen, wenn der Product Owner sagen kann: »Es soll so ähnlich funktionieren wie bei der Artikelerfassung.« Dann weiß das Team, was es bauen soll, und hat im Idealfall sogar schon eine recht genaue Vorstellung von der Komplexität.

Planning Poker®

Planning Poker® (ein eingetragenes Warenzeichen von Mountain Goat Software) ist eine agile Schätzmethode, die im Grunde genommen eine Variante der althergebrachten Delphi-Methode ist, bei der getrennte Expertenbefragungen vorgenommen werden. Gespielt wird es mit speziellen Spielkarten, die alle Story Point-Werte (1, 2, 3, 5, 8, 13, 20, 40 und 100) und eine Kaffeetasse als Kartenwert haben.

Die Spielregeln von Planning Poker® sind einfach:

1. Zunächst wird ein gemeinsames Verständnis der Schätzgrößen dadurch hergestellt, dass eine Aufgabe, die das Team bereits einmal umgesetzt hat, ausgewählt wird. Es sollte eine möglichst einfache, kleine Anforderung sein, die dann mit dem Wert 2 Story Points versehen wird. Hat das Team eine solche Aufgabe gefunden, werden alle weiteren Schätzungen relativ zur Größe dieser Referenzanforderung erfolgen.

2. Die zu schätzende Aufgabe wird von einem Teilnehmer kurz vorgestellt. Idealerweise ist dies der Product Owner, da er die Aufgaben am besten kennen sollte, aber in der Praxis kann es von jedem geleistet werden, der hinreichend gut Bescheid weiß.

3. Jeder Teilnehmer sucht sich die Karte aus seinem Kartendeck, von der er glaubt, dass sie die passende Größe der Aufgabe darstellt, und legt sie verdeckt vor sich hin.

4. Sind alle Teilnehmer fertig mit der Auswahl, werden alle Karten gleichzeitig aufgedeckt. Nachträgliche Korrekturen sind nicht mehr möglich – gelegt ist gelegt! Jetzt muss man für seine Meinung eintreten.

5. Die beiden Teilnehmer mit dem höchsten und dem niedrigsten Schätzwert müssen nun kurz darüber diskutieren, warum sie

glauben, dass die Umsetzung der Aufgabe so lange dauert bzw. so wenig Zeit in Anspruch nimmt. Alle anderen Teilnehmer haben bei dieser Diskussion Redeverbot.

6. Sind die wichtigsten Argumente ausgetauscht, wird erneut von allen geheim abgestimmt. Diese Schleife wird so lange durchlaufen, bis ein Konsens gefunden ist. Normalerweise ist nach spätestens drei Runden eine Einigung erreicht. Sollte dies einmal nicht eintreten, muss man sich auf ein Verfahren einigen (z. B. Mittelwert, einfache Abstimmung, Streichung der Extremwerte). Hier muss man ein wenig experimentieren, welches Verfahren beim jeweiligen Team am besten funktioniert. Dabei bitte nicht vergessen: Eine Schätzung ist immer ein ungefährer Wert bzw. Wertebereich mit einer gewissen Unsicherheit. Eine Diskussion um den einen oder anderen Größenpunkt ist daher nicht angebracht.

7. Dieses Verfahren wird nun auf jede zu schätzende Aufgabe angewendet. Wichtig ist hier, die vorher festgelegte Timebox nicht zu überziehen, sonst wird man mit Unkonzentriertheit und in der Folge mit schlechten Schätzungen bestraft. Ein gutes Indiz für zu lange Sitzungen ist das Ziehen der Karte mit der Kaffeetasse, die besagt, dass einer der Teilnehmer eine Pause benötigt.

Der wohl wichtigste Aspekt beim Planning Poker® ist die Diskussion über die Anforderungen. Durch die Vorstellung und das Feilschen um Punkte wird ein einheitliches Verständnis und Wissen bei allen Teilnehmern hergestellt, das sich im weiteren Verlauf der Realisierung als sehr hilfreich herausstellen wird.

Durch die Einigung auf eine geschätzte Größe wird eine geteilte Verantwortung erzeugt. Ein späteres Herausreden (»Ich habe doch gleich gesagt, dass das viel länger dauert ...«) ist nicht möglich. Das fördert die Gemeinschaft und zwingt jeden dazu, das gemeinsam definierte Ziel auch erreichen zu wollen.

Drückeberger und eher schüchterne Mitarbeiter werden gezwungen, Farbe zu bekennen. Durch das gleichzeitige Aufdecken der Karten haben sie keine Chance, sich einfach der Meinung anderer anzuschließen. Das hat zwei positive Effekte: Auf der einen Seite fühlt man sich besser, wenn man sich getraut hat, seine Meinung zu äußern (und eventuell auch in der Diskussion zu vertreten). Auf der anderen Seite sind die »stillen Vertreter« oft Leute, die eigentlich viel Interessantes zu sagen haben, was normalerweise leider verloren geht, weil sie eben nicht den Mund aufmachen. Neben den sozialen Aspekten wird das Projekt also auch qualitativ vom Planning Poker® profitieren.

Nicht zuletzt soll erwähnt werden, dass dieses Schätzverfahren richtig viel Spaß macht. Auch dies ist natürlich ein Selbstzweck, aber es schlummern verdeckte Vorteile darin: Liebloses und lustloses Schätzen (mit ungenauen Ergebnissen) gehört der Vergangenheit an!

Iterativ-inkrementelles Vorgehen

Scrum ist eine Vorgehensweise, die man als iterativ-inkrementell bezeichnet. Was bedeutet das?

Iterativ

Bei Scrum wird in Iterationen gearbeitet, die Sprints genannt werden. Iterationen sind Zeitabschnitte, die alle nach dem gleichen Muster ablaufen und die gleiche Länge haben. Dies garantiert, dass sich ein Rhythmus einstellt, der dafür sorgt, dass die Projektbeteiligten nicht mehr darüber nachdenken müssen, wann z. B. ein Planungsmeeting oder ein Review sein wird, weil es in jedem Sprint zum gleichen Zeitpunkt stattfindet. Damit ist man vor terminlichen Überraschungen einigermaßen geschützt und kann seinen Fokus vollkommen auf die vorliegenden Anforderungen legen, man entwickelt sozusagen ein Bauchgefühl für die Sprint-Länge und muss nicht mehr auf den Kalender schauen.

Iterativ bedeutet aber auch, dass man sich dem gewünschten Endzustand schrittweise nähert. Bereits in der ersten Iteration soll die spätere Lösung in ihren Grundzügen enthalten sein, um dann in jeder weiteren Iteration schrittweise verfeinert zu werden.

Ergebnis des Sprints → Kd. prüft

Denkt man sich beispielsweise eine Auftragsverwaltung, in der die einzelnen Aufträge laut Anforderung einen Zustand mit sich führen, kann in einer ersten Iteration ein Zustand per Hand aus einer Auswahlliste ausgewählt werden, in einer zweiten Iteration kommt vielleicht noch ein Kommentarfeld und eine Benutzerkennung des letzten Bearbeiters hinzu. In der endgültigen Version existiert dann möglicherweise ein ausgefeilter Algorithmus, bei dem je nach zeitlichem Verlauf, dem Inhalt bestimmter Schlüsselfelder und der Rolle des letzten Bearbeiters der Auftragsstatus automatisch gesetzt wird und Folgeaktionen ausgelöst werden. Die Grundforderung des Zustands je Auftrag ist aber schon in der allerersten Version vorhanden gewesen und nur nach und nach verfeinert worden.

Diese Vorgehensweise hat mehrere Vorteile: Zum einen sieht man schon sehr früh im Entwicklungsprozess, ob die Anforderung den Praxistest bestehen kann. Nach jeder Iteration wird ja der dann fertige Stand dem Kunden übergeben, der ihn auf Herz und Nieren testen kann und soll. So erkennt man bereits frühzeitig, an welchen Stellen noch konzeptionell nachgearbeitet werden muss.

Der Kunde und spätere Nutzer kann gut den Fortschritt der Entwicklung erkennen und hat nach jedem Sprint die Möglichkeit, steuernd einzugreifen, wenn mal etwas in die falsche Richtung läuft.

Ein weiterer Vorteil, den man nicht unterschätzen sollte, ist die Tatsache, dass der Kunde die Entwicklung bei einer bestimmten Iterationstiefe auch einfach stoppen kann. Wenn die eigentlich noch detaillierter geplante Anforderung den momentanen Bedürfnissen bereits entspricht, kann die Weiterentwicklung gestoppt werden, was letztendlich Zeit und Geld spart.

Inkrementell

Ein Inkrement ist der nächste Teil des Ganzen. Inkrementell zu arbeiten, heißt also, das Gesamtprodukt in einzelnen Teilen zu liefern. Im Gegensatz zum iterativen Vorgehen, wo ein bestehender Teil weiter verfeinert wird, kommt beim inkrementellen Vorgehen ein inhaltlich unabhängiger Teil hinzu.

Die Inkremente haben eine wichtige Funktion: Der Scrum-Wert »Fokus« besagt, dass sich jeder auf die Umsetzung einer einzigen Anforderung konzentriert. Im Umkehrschluss heißt dies auch, dass nicht alle funktionalen Teile eines Softwaresystems gleichzeitig entworfen werden, sondern das Softwaredesign Schritt für Schritt entsteht. Das birgt die Gefahr, dass Fehler in der Konzeption erst spät gefunden und korrigiert werden. Deshalb muss die Architektur agil entwickelter Software möglichst einfach, flexibel und modular sein.

Der Begriff Inkrement beinhaltet übrigens ebenfalls das Sprint-Ergebnis, hier im Sinne eines abgeschlossenen (fertigen) Teils des Ganzen. In Scrum muss am Ende jedes Sprints ja immer etwas potenziell Auslieferbares entstehen, also ein Ergebnis, das man in Produktion geben könnte, wenn man denn wollte. Man wird dies nicht immer tun, denn nur wenige Endkunden haben Verständnis dafür, dass sie alle zwei oder vier Wochen eine neue Version der Software bekommen. Das Team sollte trotzdem den Anspruch an sich stellen, das Sprint-Ergebnis so abzuliefern, dass man es in Produktion geben könnte. Im Abschnitt »Definition of Done« auf Seite 104 wird genauer erläutert, was mit diesem »fertig« gemeint ist. Eine griffige Erklärung ist, dass es fertig ist, wenn man den zugehörigen Code nicht mehr anfassen muss – also weder zum Einchecken noch zum Testen, Refaktorisieren, Dokumentieren oder aus sonstigen Gründen.

Iterativ-inkrementell

In Scrum werden wir immer eine Mischform aus iterativem und inkrementellem Vorgehen finden. Größere Funktionspakete werden inkrementell nacheinander abgearbeitet. Gerade bei größeren Paketen tut man gut daran, eine frühe funktionierende, aber einfache Version dem Kunden zum Testen zu übergeben, bevor man diese iterativ weiterentwickelt. Und hat der Kunde mit der ersten Version schon gearbeitet und Verbesserungsvorschläge geäußert, hat man ohne Zeitverlust am Ende des Projekts noch hinreichend Zeit, dieses Feedback einzuarbeiten. So entsteht sofort eine bessere Lösung – im Vergleich zu der Variante, erst nach Projektende Meinungen einzuholen und eventuell mit neuen Rüstzeiten nacharbeiten zu müssen.

Release-Management

Vordergründig möchte man denken, Release-Planung in Scrum sei ohne Weiteres gar nicht möglich. Schließlich bestimmt das Team selbst, wie viel es im jeweiligen Sprint umsetzen wird – und das auch noch von Sprint zu Sprint neu. Man hat also nur einen verlässlichen Planungshorizont von einer Sprint-Länge, also z. B. zwei Wochen. Wie soll man mit diesen spärlichen Informationen einen Release-Plan erstellen, der mehrere Monate umfassen muss?

Auf der anderen Seite wird sich kein Kunde darauf einlassen, einen Auftrag für die Erstellung einer Software zu erteilen, wenn er nicht weiß, wann der Auftrag beendet sein wird und wann er mit welchen Features rechnen kann.

Glücklicherweise bietet Scrum hier ein paar Hilfsmittel, die eine Release-Planung ermöglichen. Dazu zählen die Velocity, rechtzeitige Schätzungen in Estimation Meetings und bewusste Ungenauigkeit in der Planung.

Ein Scrum-Team arbeitet gemittelt über die Zeit mit einer konstanten Geschwindigkeit. Diese Geschwindigkeit wird in Scrum *Velocity* genannt und in der Einheit Story Points pro Sprint gemessen. Wenn also ein Team in einem Sprint eine Velocity von 45 erreicht hat, waren alle fertigen Stories vom Team in Summe auf 45 Story Points geschätzt worden.

Studien von gut funktionierenden Scrum-Teams haben ergeben, dass diese Velocity nach einer Einschwingphase von drei bis fünf Sprints konstant bleibt. Selbstverständlich werden in den einzelnen Sprints unterschiedlich viele und unterschiedlich komplexe Stories fertiggestellt, aber die Summe der Story Points, die ein Team je Sprint fertigstellen kann, bleibt erstaunlicherweise gleich.

Hier zeigt sich auch, warum das Estimation Meeting so wichtig ist. Natürlich kann man sagen, dass man erst genau weiß, wie komplex ein Backlog Item ist, nachdem man es fertiggestellt hat, und man kann bezweifeln, dass es wichtig ist, ob dieses Item mit dem Wert 3 oder 5 geschätzt worden ist. Wenn man aber weiß, dass auf diesen Zahlen weitere Planungen erstellt werden, sieht es schon etwas anders aus mit der Forderung nach möglichst akkuraten Zahlen.

Der zweite Aspekt ist die Vorausschau der Schätzungen. Das Team schätzt die Stories, die im kommenden Sprint anstehen, nicht erst im Sprint Planning. Das wäre viel zu spät. Die Estimation Meetings sollten so über die Projektlaufzeit in den einzelnen Sprints verteilt sein, dass der Product Owner immer eine gute Vorschau für etwa die nächsten drei Sprints bekommt. Je kürzer die Sprint-Länge gewählt wird, desto mehr Sprints muss der Product Owner im Voraus betrachten. Allzu weit in die Zukunft sollte man jedoch auch nicht gehen, da ja eine Grundannahme aller agilen Methoden darin besteht, dass es im Laufe der Zeit Änderungen geben wird. Hat das Team Zeit in das Verstehen und Schätzen von Features investiert, die sich aufgrund von Änderungen am Ende doch anders darstellen als bei der Schätzung, wäre dies verlorene Zeit und damit Verschwendung, die wir in Scrum unbedingt vermeiden wollen.

Der letzte Aspekt, der bei der agilen Release-Planung eine Rolle spielt, ist die Genauigkeit der Planung. Der größte Unterschied zwischen klassischen und agilen Projekten besteht darin, dass im klassischen Projektmanagement die Meinung besteht, man müsse nur hinreichend viele möglichst genaue Informationen sammeln, um einen verlässlichen Plan erstellen zu können. Agile Planung geht hingegen von der Annahme aus, dass es nur einen beschränkten Planungshorizont geben kann, weil langfristige Pläne recht schnell von der Wirklichkeit eingeholt werden. Deshalb ist man auf diese Änderungen vorbereitet und kann sehr schnell auf alle Eventualitäten reagieren, ohne bestehende Pläne anpassen zu müssen.

Wie verträgt sich das mit der Forderung nach einem Release-Plan, der einige Monate in die Zukunft schaut? Das ist nur eine Frage der Granularität. Wenn man sich die Backlog-Pyramide im Abschnitt »Product Backlog« auf Seite 97 noch einmal anschaut, stellt man fest, dass die einige Monate in der Zukunft liegenden Features sehr wohl schon im Product Backlog enthalten sind, allerdings nur sehr grob als Epics beschrieben. Das Team kennt diese Epics idealerweise schon, die einzelnen Features, die dieses Epic ausmachen, liegen allerdings noch nicht in einer Detailtiefe vor, auf der das Team eine Schätzung abgeben könnte. Der Product Owner kann sich aber dennoch von einer Person, vielleicht einem Teammitglied, das sich besonders gut mit der Architektur auskennt, eine unverbindliche Bauchschätzung geben lassen. Dann weiß er ungefähr, ob das Bauen dieser Features einen Monat oder ein halbes Jahr dauern wird.

Ein Product Owner, der einen Release-Plan abliefern soll, tut also gut daran, diesen sehr grobgranular zu halten und nur Key Features darin zu benennen, damit noch Platz für Unvorhergesehenes bleibt und den Schätzungen des Teams nicht vorgegriffen wird. Mit einer konstanten Velocity und Schätzungen, die einige Sprints im Voraus bereits vorliegen, ist es zwar gut möglich, verlässliche Aussagen zum Release-Plan vorlegen zu können, allerdings immer mit dem Hinweis, dass es sich um eine Schätzung handelt, die sich durch neue Erkenntnisse und unvorhersehbare Ereignisse ändern kann und deshalb regelmäßig angepasst werden muss.

Wartung (Maintenance)

Unter Wartung (engl. Maintenance) versteht man in der Softwareentwicklung üblicherweise die Anpassungen an einer Software nach deren Produktivstellung. Insbesondere Fehlerbehebungen, Performancesteigerungen und kleinere Weiterentwicklungen sind hier in erster Linie gemeint.

In Scrum, zumindest in seiner ersten Definition (vgl. [Schwaber 2001]), taucht diese Phase des Softwarelebenszyklus allerdings überhaupt nicht auf. Das hat folgenden Grund: Kleinere Weiterentwicklungen können einfach in Form von neuen User Stories ins Backlog eingebracht werden. Sie werden dem Team vom Product Owner im Rahmen der regulären Priorisierung zur Realisierung vorgelegt.

Und Fehler bzw. mangelnde Performance sind Aspekte, die eigentlich nicht auftreten bzw. ein gesundes Maß nicht überschreiten sollten, da sie schon während der Entwicklungsphase vom Team berücksichtigt werden – nicht erst nach Auslieferung des Produkts. Hierzu gibt es in Scrum die Definition of Done (siehe Abschnitt »Definition of Done« auf Seite 104), die definiert, wann ein Feature wirklich fertig ist. Dazu zählt insbesondere auch eine möglichst hohe Testabdeckung, die Fehlerarmut sicherstellen soll.

Basierend auf Kent Becks Ideen aus dem eXtreme Programming [Beck 2004] wird in Scrum jedes Feature mehrfach getestet. Neben Pair Programming und Code Reviews muss jedes Feature vom Entwickler mit Unit Tests versehen sein oder idealerweise sogar testgetrieben entwickelt werden. Darauf aufbauend, sind Integrations- und Kundenakzeptanztests gute agile Praxis, sodass ein Großteil der Fehler in diesem Sicherheitsnetz hängen bleibt und deshalb beim Benutzer nie auftritt.

Sollte der Fehleranteil dennoch ein nennenswertes Maß erreichen, ist das Mittel der Wahl nicht etwa, ein weiteres Team aufzustellen, das sich um diese Fehler während der Produktion kümmert. Stattdessen sollte Ursachenforschung betrieben und das Problem an der Wurzel angegangen werden. Wenn ein Fehler während der Produktion aufgetreten ist, ist er offensichtlich nicht vorher erkannt worden, was bedeutet, dass die Testabdeckung oder -qualität des verantwortlichen Teams mangelhaft ist.

Schon seit Langem ist bekannt, dass die Behebung eines Fehlers umso teurer ist, je später er entdeckt wird. Was liegt also näher, als dafür zu sorgen, dass die Fehler bereits sehr früh im Entwicklungsprozess gefunden und behoben werden?

Ein weiterer Grund, warum es keine gute Idee ist, ein separates Scrum-Team zur Fehlerbehebung einzusetzen, ist die Tatsache, dass sich die Dauer der einzelnen Behebungen praktisch nicht schätzen lässt und diese Behebungen nicht bis zum Ende des laufenden Sprints (möglicherweise also mehrere Wochen) warten sollen. An dieser Stelle böte sich ein Team an, das nicht nach Scrum arbeitet. Wer auch Maintenance agil betreiben möchte, ist vielleicht mit Kanban besser bedient.

Vom Scrum-Lehrling zum Meister

Wie zu Beginn des Buchs erläutert, haben wir Scrum bis hierhin im Wesentlichen in seiner reinen Form beschrieben – so, wie es der Scrum Guide vorgibt. Abhängig davon, wie reif der Softwareentwicklungsprozess im eigenen Unternehmen heute ist, kann es einige Zeit dauern, bis man die in der Literatur oft als »Scrum by the book« bezeichnete »reine Lehre« umgesetzt hat. So einfach das Scrum-Regelwerk auch ist, die Umsetzung erfordert viel Disziplin, ein hohes Maß an Professionalität und in vielen Bereichen auch ein Umdenken und einen Kulturwandel im Unternehmen. Das alles braucht Zeit und Durchhaltevermögen. Wie man den Weg vom Status quo zur ernsthaften Anwendung von Scrum bewältigt, wollen wir in diesem Abschnitt konkret für einige Aspekte und Scrum-Prinzipien beschreiben.

Unsere erste und eindringlichste Empfehlung lautet:

Nutze die Retrospektive!

Scrum ohne Retrospektive ist unserer Meinung nach kein Scrum. Wer auf die Retrospektive verzichtet, beraubt sich des wichtigsten Mittels zur kontinuierlichen Verbesserung – und wird demzufolge nie oder erst sehr spät das volle Potenzial von Scrum ausschöpfen.

In der Retrospektive wird der Fokus aller Teilnehmer auf den Produktentwicklungsprozess gelenkt. Das ist notwendig, weil im Tagesgeschäft die inhaltlichen Aspekte rund um das Produkt den größten Raum einnehmen. Die Metapher vom Waldarbeiter und seiner Säge [Dräther 2011] macht deutlich, wie wichtig es ist, regelmäßig innezuhalten und »seine Säge zu schärfen«.

Wenn Sie und Ihr Team die Retrospektive ernst nehmen und als Chance begreifen, werden Sie in Ihrer Zusammenarbeit immer effektiver (und hoffentlich auch immer zufriedener) werden.

Shu-Ha-Ri

Shu-Ha-Ri ist ein Konzept, das den Lernprozess in den japanischen Kampfkünsten beschreibt [Koch]. Auf die Softwareentwicklung übertragen wurde es von Alistair Cockburn [Cockburn]. Gunter Dueck hat es in einer seiner Kolumnen einmal sehr schön auf den Punkt gebracht:

»In der japanischen Kampfkunst gibt es drei Stufen des Lernens. Shu ist wie ›gehorche‹ – alles wird genau nach Rezept oder ›Prozess‹ ausgeführt und bis zu absoluter Fehlerfreiheit eingeübt. Ha steht für ›probiere‹ – man weicht von der Lehre ab, sammelt Erfahrungen durch Variation und versteht langsam die Kunst an sich. Ri bedeutet ›verlasse‹ – der Meister löst sich von den Formen, den Lehren und Stilen seiner Vorbilder und vollendet sich.« [Dueck 2012]

Denkt man an das Erlernen asiatischer Kampfkunst, sieht man oft Filmszenen vor seinem inneren Auge, in denen Karateschüler synchron immer wieder unter lauten Rufen einzelne Bewegungsabläufe üben. Lässt sich da eine Verbindung zu Scrum und zur Produktentwicklung herstellen?

Das Bild der trainierenden Schüler ist gar nicht schlecht. In diesen Szenen üben sie stets einen isolierten Bewegungsablauf streng nach den Regeln ihres Meisters, bis er perfekt sitzt. Erst dann dürfen sie eigene Variationen versuchen, und einige dieser Schüler werden es am Ende zu wahrer Meisterschaft bringen. Im Handwerk gibt es ein dem Shu-Ha-Ri vergleichbares dreistufiges Rollenmodell: Lehrling – Geselle – Meister. Diese drei Stufen können auf jeden Lernprozess angewendet werden, auch auf die Einführung agiler Vorgehensmodelle wie Scrum.

Shu-Ha-Ri ist kein linearer Prozess. Es wird oft symbolisiert in Form von konzentrischen Kreisen (Abbildung 4-1). Damit soll zum Ausdruck gebracht werden, dass die auf der Shu-Stufe erlernten Fähigkeiten und Fertigkeiten auch auf den höheren Stufen ihre Bedeutung und Berechtigung behalten und dort variiert und ergänzt werden.

Um das Shu-Ha-Ri-Prinzip zu illustrieren, hat Gunter Dueck an anderer Stelle [Dueck 2011] beschrieben, wie man das Kochen von Tomatensuppe erlernt. Alles beginnt auf Tütensuppen-Niveau. Das ist Shu. Man hält sich streng an die Regeln, die auf der Rückseite der Tüte stehen, misst sorgsam das Wasser ab, achtet auf die richtige Temperatur, rührt regelmäßig um, kocht kurz auf ... und löffelt am Ende das aus, was die Regeln hergeben. Im nächsten Schritt beginnt man zu variieren. Das ist Ha. Da soll es am Ende schme-

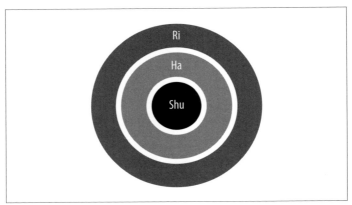

Abbildung 4-1: Drei konzentrische Kreise: das Konzept des Shu-Ha-Ri

cken. Man verfeinert mit Sahne. Gibt vielleicht klein gewürfelte frische Tomaten und frisches Basilikum hinzu oder überstreut die Suppe mit fein gehackter Petersilie. Voraussetzung ist, dass man vorher das Rezept verstanden und seine Regeln erlernt und befolgt hat. Hat man wahre Meisterschaft, das Ri, erlangt, interessieren weder Rezepte noch Regeln. Man hat sie verinnerlicht und löst sich von ihnen. Die Suppe wird zur eigenen Kreation, sie trägt eine unverwechselbare Handschrift, sie ist ein wahres Meisterwerk.

Auch bei der Einführung von Scrum kommt es darauf an, dass man als Lehrling erst einmal streng nach den Regeln trainiert (Shu). Erst wenn man verstanden hat, wie das Vorgehen gemäß den Regeln funktioniert und man diese kennt und anerkennt, kann man beginnen, sie zu variieren (Ha). Dann entsteht Stück für Stück ein Prozess, der auf die konkrete Situation, auf den konkreten Kontext zugeschnitten ist. Am Ende hat man als Team das neue Vorgehen und seine Regeln derart verinnerlicht, dass man sie lebt, ohne sich ihrer bewusst zu werden. Man hat zu seinem eigenen Stil gefunden und kann sich ändernden Kontexten mühelos anpassen (Ri).

Am Anfang, auf der Shu-Stufe, braucht das Scrum-Team einen erfahrenen Experten für das neue Vorgehen, der über die Einhaltung der Regeln wacht. Mit seiner ganzen Autorität lehrt er, wie man dem neuen Prozess folgen kann – zum Vorteil und Nutzen für das Team und das Projekt.

Je weiter das Team in seiner Entwicklung voranschreitet, desto seltener braucht es konkrete Handlungsanweisungen. Es hat gelernt, die Prinzipien und Praktiken an die Projekterfordernisse anzupassen und gegebenenfalls die Regeln zu brechen und bewegt sich abhängig von den Erfordernissen zwischen den drei Stufen des Shu-Ha-Ri hin und her. In Retrospektiven werden die Regeln überprüft und variiert (Ha), das angestrebte neue Verhalten wird trainiert (Shu), und am Ende geht es in das Selbstverständnis über – man braucht nicht mehr darüber nachzudenken (Ri).

Schritt 1: Den Standort bestimmen

Teams, die mit Scrum beginnen wollen, müssen sich oft erst einmal darüber klar werden, wie sie derzeit im Rahmen der Produktentwicklung zusammenarbeiten. Wer seinen Standort nicht kennt, kann auch nicht zu einem gewünschten Ziel navigieren. Die zentrale Frage bei der Standortbestimmung lautet: »Welche Aspekte unseres derzeitigen Prozesses sollten wir verbessern, um effektiver und zufriedener miteinander arbeiten zu können?« Die Kenntnis der eigenen Verbesserungspotenziale ist wichtig, um bei der Einführung von Scrum ein besonderes Augenmerk auf sie zu richten. Gelingt es, in diesen Bereichen nachhaltige Verbesserungen zu erzielen, wird die Scrum-Einführung mit hoher Wahrscheinlichkeit von den Beteiligten und den Beobachtern als Erfolg gewertet werden.

Um den Standort zu bestimmen, kann das Team eine klassische Retrospektive durchführen, wie sie im Abschnitt »Retrospektive« auf Seite 89 beschrieben ist. Die Fragen »Was lief gut?« und »Was können wir in Zukunft besser machen?« kann man sich bereits vor der Einführung von Scrum stellen und bezieht sich dabei auf den bislang gelebten Entwicklungsprozess.

Schritt 2: Scrum lernen

Scrum lernt man am besten in der Praxis – aber nur, wenn man die Theorie beherrscht. Die kann man sich entweder anlesen oder antrainieren.

Ausbildungswege

Als deutschsprachige Standardliteratur zum Erlernen von Scrum können wir zwei Werke empfehlen: [Pichler 2007] und [Gloger 2011]. Wer anschließend einem Scrum-Team über die Schulter schauen und es bei dessen ersten Schritten mit Scrum begleiten möchte, der werfe einen Blick in [Koschek 2009] und [Röpstorff 2012].

Lebendiger und nachhaltiger lernt man Scrum unserer Meinung nach in einem Training. Der Vorteil einer Schulung gegenüber dem Buch ist, dass man einige Prinzipien und Praktiken von Scrum tatsächlich erleben kann – üblicherweise im Rahmen einer Simulation. Neben den Zertifizierungskursen der Scrum Alliance, in denen man unter anderem den Titel »Certified ScrumMaster« erwerben kann, gibt es die Kurse von Ken Schwabers Scrum.org (hier lautet der Titel »Professional Scrum Master«) und viele weitere Schulungsangebote – Tendenz steigend. Das Alleinstellungsmerkmal der Zertifizierungskurse von der Scrum Alliance ist das Zertifikat und der Titel. Beide finden weltweit Anerkennung. Ob man als Scrum-Lehrling Wert auf dieses Zertifikat legt, ist eine individuelle Entscheidung, für oder gegen die wir keine Empfehlung aussprechen wollen.

Wir empfehlen, dass alle Mitglieder eines Scrum-Teams geschult werden und nicht nur der Scrum Master und der Product Owner. Das Entwicklungsteam wird oft vergessen, wenn es um die methodische Ausbildung geht. Wer hier spart, wird während der Sprints Aufwand treiben müssen, um immer wieder die Methodik und das Rollenverständnis zu erklären. Das geht zulasten der Zeit, die dem Team für die Erledigung der Backlog Items zur Verfügung steht. Nicht so recht zu wissen, wie Scrum funktioniert, erzeugt ein Gefühl der Unsicherheit. Auch wird es den Entwicklern schwerfallen, Eigenverantwortung für etwas zu übernehmen, das sie nicht genau kennen. Nur ein gut ausgebildetes Scrum-Team wird schnell agil arbeiten können.

Um Scrum schneller im Team zu verankern, kann ein erfahrener Scrum-Coach das Team in den ersten Sprints begleiten. Er (oder sie) hat einen Blick und ein Gespür dafür, wo der Scrum-Prozess noch unrund läuft, und kann dem Scrum Master geeignete Maßnahmen vorschlagen, um den Prozess und das Miteinander im Team zu verbessern. Auch der Product Owner muss erst in seine neue Rolle hineinfinden und ist oft froh über methodische Unterstützung. Die Mitglieder des Entwicklungsteams wiederum wenden sich insbesondere in der ersten Zeit gern an eine aus Projektsicht neutrale Person, um Fragen zu stellen und Hilfe bei der Konfliktbewältigung zu bekommen. Der Scrum-Coach kann diese Rolle einnehmen, damit sich das Team schneller findet.

Aller Anfang ist schwer

Jetzt geht es los mit Scrum – und zwar auf der Shu-Stufe. Dessen müssen sich alle bewusst sein: das Management und die Stakeholder, die Scrum als Vorgehensmodell ausgewählt haben. Aber auch das Scrum-Team selbst, das sich nicht überschätzen sollte. Üblicherweise dauert es drei Sprints, bis sich ein Team auf die neue Vorgehensweise eingespielt hat. In dieser Zeit sollte niemand zu viel erwarten, denn vieles will gelernt und gelebt sein: das Miteinander im Team, das Kennenlernen der Fähigkeiten und Fertigkeiten der anderen Teammitglieder, das Schätzen von Backlog Items und vor allem die eigenverantwortliche Arbeitsweise. Und hinter all dem stehen die agilen Werte, die nicht für jeden selbstverständlich sind. Mithilfe von Simulationen und Spielen kann der Scrum Master einen Beitrag zum Verinnerlichen der Werte leisten. Noch hilfreicher ist es, wenn die Werte von Scrum Master, Product Owner und dem Management vorgelebt werden.

»Machen wir wirklich Scrum?«

Wir machen immer wieder die Erfahrung, dass sich Teams zwar auf die Scrum-Definition im Scrum Guide beziehen, aber gar nicht wissen, welche Rollen, Meetings und Artefakte dort beschrieben sind. Das, was viele agile Praktiker unter Scrum verstehen, geht nämlich oft über den definierten Rahmen (drei Rollen, vier Meetings, drei Artefakte) hinaus.

Eine kleine Sammlung von Dingen, die *nicht* zum Kern von Scrum gehören:

- Das *Estimation Meeting*, in dem der Product Owner neue oder modifizierte User Stories mit dem Entwicklungsteam bespricht und von diesem schätzen lässt.
- *Burnup oder Burndown Charts*, mit denen der Projektfortschritt im Sprint tagesgenau ermittelt und visualisiert wird.
- Das *Impediment Backlog*, auf dem der Scrum Master alle Hindernisse aufführt, die er aus dem Weg räumen muss, um dem Entwicklungsteam ein zügiges und zielgerichtetes Arbeiten zu ermöglichen.
- Das *Team Backlog*, in dem das Entwicklungsteam Aufgaben festhält, die es in kommenden Sprints zur Prozessverbesserung umsetzen will.
- *User Stories* als formales Beschreibungsmittel für Anforderungen (Backlog Items).
- *Planning Poker*® als Methode, um gemeinsam die Größe von Backlog Items zu schätzen.
- *Story Points* als Maß für die Größe von Backlog Items.

All diese Elemente wurden auf der Grundlage praktischer Scrum-Erfahrung entwickelt, publiziert, von anderen Scrum-Teams übernommen, gegebenenfalls angepasst und weitergegeben, sodass sie irgendwann Teil des kollektiven Scrum-Verständnisses wurden. Die Entstehungsgeschichte dieser Elemente (von Praktikern für Praktiker) belegt deren Relevanz im Scrum-Kontext – trotzdem sind sie kein Bestandteil der »reinen Lehre«.

Was genau ist dann Scrum?

Die Rollen, Artefakte und Ereignisse von Scrum sind unantastbar. Obwohl es möglich ist, nur Teile von Scrum zu implementieren, ist das Ergebnis nicht Scrum.

So streng definiert der Scrum Guide, was Scrum ist. Und auf diese Definition beziehen sich viele Scrum-Teams, wenn sie die eigene Vorgehensweise bewerten. Oft kommen sie dann zu dem Ergebnis, dass sie kein Scrum im eigentlichen Sinne machen.

Der Scrum Guide ist für die Shu-Stufe geschrieben

Betrachten Sie den Scrum Guide als Anleitung für die Shu-Stufe. Er soll den »Lehrlingen« helfen, sich um die Anwendung des Scrum-Frameworks zu kümmern, anstatt sich von Beginn an Gedanken über den projektspezifischen Zuschnitt des Regelwerks machen zu müssen. Deshalb enthält er beispielsweise die Formeln für die Länge von Meetings: damit ein unerfahrener Scrum Master ohne langes Grübeln einen Termin für das Sprint Review versenden kann.

Für fortgeschrittene Scrum-Teams hingegen kann der Scrum Guide immer wieder als Referenz dienen, um herauszufinden, ob sie sich mit ihren projekt-, domänen- und unternehmensspezifischen Anpassungen noch innerhalb des Scrum-Rahmens bewegen.

Der Scrum Guide fordert Inspect and Adapt

Ein Scrum-Team wird an verschiedenen Stellen im Scrum Guide explizit dazu aufgefordert, den Prozess für seinen Projektkontext zu optimieren – aber erst, wenn das Team den Scrum-Prozess verstanden und verinnerlicht hat:

Scrum-Anwender müssen ständig die Scrum-Artefakte und den Fortschritt auf dem Weg zur Erreichung des Ziels überprüfen, um unerwünschte Abweichungen zu entdecken.

Wenn bei einer Überprüfung festgestellt wird, dass einer oder mehrere Aspekte des Prozesses außerhalb akzeptabler Grenzen liegen und das Produktergebnis dadurch ebenfalls nicht zu akzeptieren sein wird, muss so schnell wie möglich eine Anpassung des Prozesses oder des Arbeitsgegenstands vorgenommen werden, um weitere Abweichungen zu minimieren.

Der Scrum Master ermutigt das Scrum-Team, innerhalb des Scrum-Prozessframeworks seinen Entwicklungsprozess und seine Praktiken zu verbessern, um beides effektiver und befriedigender (Anm. d. Ü.: hier ist durchaus auch »Spaß an der Arbeit« gemeint) *für den nächsten Sprint zu gestalten.*

Damit legt der Scrum Guide den Grundstein für eine kontinuierliche Weiterentwicklung des Projektvorgehens, getrieben durch alle Teammitglieder. Mit diesem Rüstzeug kann jedes Team die Ri-Stufe erklimmen.

Schritt 3: Scrum-Teams entwickeln

Ein Scrum-Team entsteht nicht von allein. Hier ist die aktive Mitarbeit aller Teammitglieder und des Managements gefordert.

Das Tuckman-Modell der Teamentwicklung

Damit aus einer Gruppe von Individuen ein Team wird, müssen diese Personen nach einem Modell von Bruce Tuckman [Tuckman 1965] vier Phasen durchlaufen:

- *Forming* – Das Team entsteht. Jeder muss seine Rolle finden, will die anderen kennenlernen, hält sich zurück (»Man«-Orientierung – »man müsste mal ...«).
- *Storming* – Die Nagelprobe für das in der Entstehung begriffene Team. Konflikte werden offen ausgetragen, Machtkämpfe ausgefochten (»Ich«-Orientierung).
- *Norming* – Hat das Team die Storming-Phase überstanden, werden gemeinsame Normen und Regeln für die Zusammenarbeit festgelegt. durch vertrauensvolle Kooperation entsteht ein »Wir«-Gefühl.
- *Performing* – Das Team hat sich und seinen Rhythmus gefunden. Es ist jetzt produktiv und arbeitet weitestgehend selbstbestimmt.

Tuckman hat später noch eine fünfte Phase (*Adjourning*) definiert, in der sich das Team auflöst.

Dieses Modell ist eine Erklärung dafür, warum Scrum-Teams ca. drei Sprints brauchen, um effektiv und effizient zusammenzuarbeiten (die andere Erklärung ist, dass Scrum zwar ein einfaches Regelwerk hat, dessen praktische Umsetzung aber nicht trivial ist und einige Zeit benötigt). Das Tuckman-Modell hilft dem Scrum Master bei der Einschätzung, wie viel Unterstützung das Team von ihm braucht.

Scrum-Teams sind selbstorganisiert

Scrum-Teams sind selbstorganisiert und interdisziplinär. Selbstorganisierte Teams entscheiden eigenständig darüber, wie die zu erledigende Arbeit am besten bewältigt werden kann. Es gibt niemanden, der einem selbstorganisierten Team von außen vorgibt, wie die Arbeit zu erledigen ist.

Entsprechend dieser Definition aus dem Scrum Guide überlassen selbstorganisierte Teams die Entscheidung, wie sie gemeinsam die anstehenden Aufgaben erledigen wollen, niemand Geringerem als sich selbst. Weder der Scrum Master noch der Product Owner ist befugt, sich in die Arbeitsweisen des Entwicklungsteams einzumischen. Sie dürfen allerdings beobachten und ihre Beobachtungen mit dem Entwicklungsteam teilen. Darüber hinaus stellt der Scrum Master sicher, dass das Entwicklungsteam die Scrum-Werte und -Regeln nicht verletzt. Diese Verlagerung der Verantwortung von einem Projektleiter hin zum Entwicklungsteam löst bei den Teammitgliedern unterschiedliche Gefühle aus. Was für den einen ein revolutionärer Befreiungsschlag ist, erscheint dem anderen als große Last. Um unter dieser Last nicht zusammenzubrechen, wünschen sich viele Softwareentwickler, die sich mit Selbstorganisation nicht sofort anfreunden können, eine Schulung zu diesem Thema.

Kann man Selbstorganisation lehren und lernen? Auf diese Fragen gibt es unserer Meinung nach keine einfache Antwort.

Selbstorganisation vermitteln. Lehren im klassischen Sinne kann man Selbstorganisation nicht. Allerdings lassen sich die Gründe, die für eine Selbstorganisation sprechen, sowohl erzählerisch als auch spielerisch (in Form von Gruppenübungen oder Simulationen) vermitteln. Eine Übung, die den Vorteil von Selbstorganisation im Vergleich zu Command-and-Control-Strukturen erlebbar macht, ist der menschliche Knoten [Human Knot]. Am besten fördert man Selbstorganisation jedoch durch Vorleben. Jedes Teammitglied trifft wesentliche Entscheidungen gemeinsam mit den Teamkolleginnen und -kollegen. Es fragt sie um Rat, wenn es nicht weiterweiß. Es weist auf Probleme und offene Punkte hin und bietet Lösungsmöglichkeiten an (konstruktive Kritik). Und es fordert die Unterstützung anderer, beispielsweise des Product Owners, aktiv ein. Damit macht das Teammitglied deutlich, dass es Verantwortung übernimmt und Entscheidungen herbeiführen will, um Ergebnisse erzielen zu können.

Scrum Master, Product Owner und Manager, in deren Verantwortungsbereich ein Scrum-Team arbeitet, müssen den Rahmen schaffen, der den Teammitgliedern das oben geschilderte Verhalten ermöglicht. Dazu müssen sie zunächst anerkennen, dass Organisationen und Projekte komplexe adaptive Systeme (im Sinne der Komplexitätsforschung) sind. Wesentliches Merkmal solcher Systeme ist, dass sich ihr Verhalten nicht steuern lässt, weil dieses aus verschiedenen meist zyklischen Ursache-Wirkungs-Ketten entsteht. In der Folge ist die Wirkung einer Maßnahme nicht absehbar und deshalb auch nicht kontrollierbar. Hier versagt also das Command-and-Control-Muster. Deshalb ist es besser, mithilfe von Zielen einen Handlungsrahmen abzustecken und einen Raum zu schaffen, in dem Zusammenarbeit, Interaktion und Innovation stattfinden können. Nicht alles, was in diesem Raum geschieht, ist auf den ersten Blick zielführend. Anstatt solche Entwicklungen sofort zu unterbinden, sollte man abwarten, welchen weiteren Weg die Entwicklung nimmt. Das bedeutet, darauf zu vertrauen, dass das Team ein gutes Gespür dafür hat (oder entwickelt), welche Maßnahmen und Arbeitsweisen progressiv sind. Dem Team zu vertrauen, fällt vielen Führungskräften nicht leicht. Nicht etwa, weil sie die Reife des Teams in Zweifel stellen, sondern vielmehr, weil sie die Kontrolle und damit ein Stück Macht abgeben. Diese durch das Loslassen gewonnene Zeit lässt sich wunderbar darauf verwenden, das Team zu unterstützen und zu schützen. Mit dieser dienenden Führung (engl. Servant Leadership) wird die Selbstorganisation des Teams bestmöglich gefördert.

Ein für die Gestaltung des organisatorischen Rahmens agiler Teams wichtiges Konzept ist das Pull-Prinzip. Anstatt Aufträge aktiv an Teammitglieder zu verteilen, soll sich das Team diese Aufträge selbstständig abholen (»pullen«) und bearbeiten.

Das Vermitteln von Selbstorganisation durch Vorleben und das Schaffen von Freiräumen auf der Basis eines Wertesystems unter Nutzung von Feedback-Zyklen und dem Pull-Prinzip ist eine wesentliche Voraussetzung, um ein komplexes adaptives System erfolgreich leben zu lassen. Die Wirklichkeit sieht in vielen Unternehmen heute anders aus, und die Transformation zu einer Organisationsform mit den oben genannten Charakteristika ist die größte Herausforderung, wenn die agile Denkweise aus den Projekten in das gesamte Unternehmen auszustrahlen beginnt.

Selbstorganisation lernen. Der Frage, ob man Selbstorganisation lernen kann, nähern wir uns über die Erkenntnis, dass man Selbstorganisation nicht befehlen kann. Damit ist für uns klar, dass eine intrinsische Motivation gegeben sein muss. Die allein reicht jedoch nicht aus. Sie muss gepaart sein mit einer hohen fachlichen Qualifikation, großer Flexibilität im Denken und Handeln sowie einer hohen Leistungsfähigkeit, weil ein selbstorganisiertes Teammitglied das »Was« verstehen und diskutieren und über das »Wie« entscheiden können muss. Neben der fachlichen Kompetenz muss vor allem die Prozess- und Sozialkompetenz gestärkt werden, beispielsweise durch entsprechende Weiterbildungsangebote. Flankierend sollten die Führungskräfte sowie jene Teammitglieder, die bereits über diese Kompetenzen verfügen, klassische Werte wie Orientierung, Geborgenheit und Sicherheit vorleben, um die anderen Kolleginnen und Kollegen in ihrem Wandel bestmöglich zu unterstützen (vgl. [Vigenschow 2009]).

Mentoring. Ein in der Praxis bewährtes Mittel, um Teammitglieder zu einer selbstorganisierten Arbeitsweise zu befähigen, ist die Unterstützung durch einen Mentor. Ein Mentor ist jemand, der schon einmal dort war, wo der Mentee (bewusst oder unbewusst) hinwill. Für das Ausüben dieser Rolle ist vor allem Methodenkompetenz und Vertrautheit mit den impliziten und expliziten Regeln der Organisation vonnöten, idealerweise gepaart mit Integrität und Seniorität. Solche Menschen sind schwer zu finden, aber die Suche nach ihnen lohnt sich doppelt. Nicht nur, dass sie ihren Mentee auf dem Weg in die Selbstorganisation begleiten – sie führen ihn durch die Begleitung unter Umständen auch an die Mentorenrolle heran. So wird vielleicht aus dem Mentee selbst der nächste Mentor, der die erlernten und erlebten Werte und Fähigkeiten an andere Kollegen weitergibt. Auf diese Weise entsteht eine Unternehmenskultur, die auf gegenseitigem Respekt, Vertrauen und Verantwortung fußt.

Warum braucht ein selbstorganisiertes Entwicklungsteam einen Scrum Master? »Hat das Team die Prinzipien und Praktiken von Scrum verinnerlicht und weiß diese zu nutzen, dann muss niemand mehr über die Einhaltung der Spielregeln wachen.« Mit diesem Argument versuchen viele unerfahrene Scrum-Teams, ihren Scrum Master wegzurationalisieren. Dabei ist der Scrum Master nicht allein ein Regelwächter. Er ist Mentor, Coach, Schlichter, Tröster, Motivator, kurz: die gute Seele und das Gewissen des Teams. Er räumt Hindernisse aus dem Weg, steht dem Team mit Rat und Tat zur Seite und hält ihm den Rücken frei. Und er verhindert, dass ein Team im täglichen Trott zu erlahmen droht.

Man darf außerdem nicht vergessen, dass Scrum-Teams meistens dann wieder in alte Verhaltensmuster zurückfallen, wenn sie zum ersten Mal das Gefühl haben, im Projekt so richtig Scrum-konform zu arbeiten. Das ist vergleichbar mit einem Autofahrer, der in einem Land mit Rechtsverkehr wohnt und zum ersten Mal in ein Land mit Linksverkehr reist (vgl. [Koschek 2012]): Zunächst konzentriert er sich stark auf seine Fahrweise. Irgendwann kommt der Punkt, an dem er glaubt, den Linksverkehr verinnerlicht zu haben. Die Konzentration lässt nach, und schon steuert er beim Abbiegen die rechte Fahrspur an. Offensichtlich arbeitet das Unterbewusstsein immer noch im Rechtsverkehr-Modus. Ähnlich geht es den Mitgliedern eines Scrum-Teams. Viele der über lange Jahre in Projekten praktizierten Vorgehensweisen werden in Scrum durch neue Prinzipien und Praktiken ersetzt – genauer: überdeckt, denn im

Unterbewusstsein sind die alten Muster noch vorhanden. Sie kommen zum Vorschein, sobald die Konzentration nachlässt. Dann ist der Scrum Master gefragt.

Scrum-Teams sind funktionsübergreifend (cross-functional)

Scrum Teams-sind selbstorganisiert und interdisziplinär. [...] Interdisziplinäre Teams verfügen über alle Kompetenzen, ihr Arbeitsergebnis zu erreichen, ohne dabei von anderen abhängig zu sein, die nicht Teil des Teams sind.

Ein solch autarkes Team zusammenzustellen, wie es diese Definition aus dem Scrum Guide beschreibt, stellt für viele Unternehmen eine große Herausforderung dar: Die Expertin, die man gern im Team hätte, hat nur bedingt Zeit oder gehört zu einer anderen Abteilung. Die Tester arbeiten in einer separaten Qualitätssicherungsabteilung. Software kann nur vom Betriebsteam auf den produktiven Systemen installiert werden. Diese und andere Hürden gilt es zu meistern, wenn man Scrum-Teams zusammenstellt – von den zwischenmenschlichen Konflikten ganz zu schweigen. Für viele dieser Hürden gibt es kein Patentrezept – wohl aber ein Grundprinzip, das die Verantwortlichkeiten klar regelt:

Collective Ownership. In Scrum-Teams sind alle für alles verantwortlich. Wann immer eine Aufgabe ansteht, wird sie von demjenigen erledigt, der Zeit hat und über die erforderliche Kompetenz verfügt. Fehlt ihm die Kompetenz, bittet er sein Team um Rat und Unterstützung. Das Prinzip der Collective Ownership sorgt dafür, dass Backlog Items tatsächlich fertiggestellt werden, denn niemand kann sagen: »Das ist keine Aufgabe für mich!« Dieses Prinzip gilt nicht nur für die Tasks im Rahmen der Bearbeitung eines Backlog Items, sondern auch für den Programmcode. Wann immer ein Entwickler einen Fehler irgendwo im Code feststellt, soll er diesen beheben – auch dann, wenn der fehlerhafte Code von einem anderen Entwickler stammt. Diese Grundeinstellung trägt stark zu einem ausgeglichenen Qualitätsniveau bei, erfordert aber eine sehr offene und ergebnisorientierte Kultur. Nicht jedem fällt es auf Anhieb leicht, zu akzeptieren, dass andere einen Fehler im »eigenen« Code gefunden und behoben haben. Eitelkeit und Versagensängste spielen eine große Rolle und lassen sich nur durch den Aufbau und die Pflege des Vertrauens im Team lindern.

Wenn alle für alles verantwortlich sind, stellt sich die Frage, wie das Qualifikations- und Präferenzprofil des idealen Scrum-Teammitglieds aussieht.

Alle sind »Developer« – aber nicht zwingend Generalisten. Die Mitglieder eines Scrum-Teams haben keine Titel, alle sind »Developer«. Aber sie dürfen durchaus unterschiedliche Rollen haben und Spezialisten auf unterschiedlichen Gebieten sein – genau das macht ja ein interdisziplinäres Team aus. Zusätzlich zu ihrem Spezialwissen zeichnen sich die Developer eines Scrum-Teams durch ein breites Allgemeinwissen und ein ernsthaftes Interesse an den Spezialgebieten ihrer Teammitglieder aus. Dieses Allgemeinwissen vertiefen sie, indem sie paarweise mit Teamkollegen an einer Aufgabe arbeiten und somit einen praktischen Einblick in deren Aufgabengebiet sowie deren Denk- und Arbeitsweisen bekommen. Das Kompetenzprofil solcher Menschen nennt man T-förmig (T-shaped). Der horizontale T-Balken steht für das breite Allgemeinwissen, der senkrechte Balken für das tief gehende Spezialwissen.

Vielfach herrscht immer noch die Annahme, dass der Verzicht auf Titel in einem Scrum-Team zur Konsequenz hat, dass es in Scrum keine Spezialisten gibt oder geben darf. Diese Diskussion entzündet sich oft an der Rolle des Softwarearchitekten. Dessen Aufgaben, so die landläufige Meinung, werden in Scrum-Teams von allen Teammitgliedern wahrgenommen. Tatsächlich ist es oft so, dass ein erfahrener Softwarearchitekt als Mitglied eines Scrum-Teams diese Rolle einnimmt. In Scrum-Teams gibt es für die anderen Teammitglieder viele Gelegenheiten, mit dem erfahrenen Softwarearchitekten zusammenzuarbeiten. Dadurch entwickeln sie ein besseres Verständnis für die Softwarearchitektur, sodass sie diese Rolle zunächst als Urlaubsvertretung übernehmen und später komplett ausfüllen können. Das setzt nicht nur den Willen zu lernen voraus, sondern aufseiten des Softwarearchitekten auch die Bereitschaft, die Fähigkeit und die Geduld, sein Wissen zu teilen.

Zusammenarbeit – intern und extern

Die kollaborative Prägung von Scrum stützt das erste Wertepaar des Agilen Manifests: »Individuen und Interaktionen mehr als Prozesse und Werkzeuge«. Miteinander reden und einander zuhören, so die Meinung überzeugter Scrum-Anwender, ist zielführender als der bloße Austausch von Dokumenten. Das liegt unter anderem darin begründet, dass das geschriebene Wort für viele Menschen eine gewisse Endgültigkeit suggeriert, wohingegen ein Dialog zu neuen Erkenntnissen und Ergebnissen führen kann. Deshalb sieht Scrum im Laufe eines Sprints eine Reihe von Meetings vor, beginnend mit dem Sprint Planning über die Daily Scrums bis hin zu Sprint Review und Retrospektive. Auch außerhalb dieser Meetings wird die Zusammenarbeit gefördert, z. B. durch die funktionsübergreifende Teamkonstellation und Praktiken wie Pair Programming.

Arbeit am Taskboard. Das Daily Scrum dient der täglichen Synchronisation und findet am Taskboard statt. Auf diese Weise hat das gesamte Team die anstehenden und die erledigten Aufgaben sowie die Burndown Charts im Blick. Dieser für alle transparente Projektstatus ist wichtig, um Hindernisse und Verzögerungen frühzeitig zu erkennen und Gegenmaßnahmen einzuleiten.

Um im Sprint zielgerichtet und erfolgsorientiert voranschreiten und einen tagesaktuellen Projektstatus fortschreiben zu können, gibt es zwei Prinzipien, die für die Arbeit am Taskboard von Bedeutung sind:

- Backlog Items werden sequenziell abgearbeitet.
- Jeder Entwickler nimmt sich genau eine Aufgabe vor.

Durch die sequenzielle Bearbeitung der Backlog Items wird verhindert, dass am Ende des Sprints alle Items »fast fertig« sind. Natürlich muss sich das Entwicklungsteam nicht künstlich auf ein Item beschränken. Wenn zur Fertigstellung eines Items nicht mehr alle Entwickler benötigt werden, können einige Entwickler bereits mit der Bearbeitung des nächsten Backlog Items beginnen. Das Ziel soll aber immer sein, möglichst wenige Backlog Items gleichzeitig in Arbeit zu haben.

Die Beschränkung eines Entwicklers auf eine einzige Aufgabe unterstützt das Ziel, ein Backlog Item tatsächlich fertig zu bekommen. Fokussierung (ein agiler Wert!) ist die Voraussetzung für eine ergebnisorientierte Arbeitsweise. Scrum ist ergebnisorientiert, indem es für jeden Sprint ein Sprint-Ziel fordert und mit jedem Sprint das Produktinkrement erweitert.

Zusammenarbeit mit dem Product Owner. Zur Erinnerung: Der Product Owner ist für das »Was« verantwortlich, das Entwicklungsteam für das »Wie«. Nur gemeinsam entsteht aus »Was« und »Wie« ein Produktinkrement. Deshalb müssen Product Owner und Entwicklungsteam gut zusammenarbeiten. Je respektvoller der Umgang miteinander und je größer das Interesse an der Perspektive des anderen, desto reibungsloser wird die Zusammenarbeit vonstatten gehen. Leicht gesagt, nicht ganz so leicht getan.

Als fachlich und wirtschaftlich Verantwortlicher hat der Product Owner ein großes Interesse daran, ein Maximum an Funktionalität in minimaler Zeit zu erhalten. Das verträgt sich nicht immer mit der nachhaltigen Geschwindigkeit (Sustainable Pace), mit der das Entwicklungsteam über einen langen Zeitraum gute Ergebnisse mit hoher Qualität unter Berücksichtigung der Gesundheit aller Teammitglieder erzielen will. Das Team kann aber einiges zu einem verträglichen Miteinander mit dem Product Owner beitragen:

Ein Team, das sich zu viele Backlog Items in den Sprint packt, hat am Ende entweder nicht alles geschafft oder viele Überstunden investiert, um das Sprint-Ziel zu erreichen. Beides ist zu vermeiden. Deshalb empfehlen wir eine defensive Planung, die Reserven einkalkuliert. Aber Vorsicht: Die Grenze zwischen defensiver und bequemer Planung ist fließend. Ein Team, das sich bewusst zu wenig vornimmt, um im Sprint ganz gemütlich arbeiten zu können, läuft Gefahr, am Ende gar nichts zu schaffen (weil der sanfte Druck fehlt) und den Product Owner zu enttäuschen (weil er zu wenig geliefert bekommt).

Fordert der Product Owner zu viel oder fügt er im laufenden Sprint weitere Anforderungen hinzu (z. B. in Form zusätzlicher Akzeptanzkriterien oder gar neuer Backlog Items), muss ihn das Entwicklungsteam daran erinnern (unter Umständen mithilfe des Scrum Masters), dass der Sprint geschützt ist und das Sprint Backlog nur vom Entwicklungsteam nachträglich verändert werden darf. Ähnliches gilt für spontane Anfragen und Aufträge von außen, die nicht eingeplant wurden und nichts mit dem Sprint-Ziel zu tun haben (»Kannste mal eben ...?«). Mit Hinweis auf das Sprint-Ziel, das vom Team gemeinsam akzeptiert wurde, sollte sich jedes Teammitglied solcher Anfragen erwehren können – entweder allein oder mithilfe des Scrum Masters.

Einige Scrum-Teams haben ein schlechtes Gewissen, wenn nach der Bearbeitung des kompletten Sprint Backlog noch ein wenig Sprint übrig ist. Passiert das bei jedem Sprint, plant das Team eventuell zu defensiv. Geschieht es hingegen nur ab und zu, sollte das Team dem ersten Impuls widerstehen, mit der Bearbeitung eines neuen Backlog Item zu beginnen – vor allem dann, wenn es dieses Item in der verbleibenden Zeit nicht fertigstellen kann. Stattdessen sollte das Team überlegen, wie es die verbleibende Zeit am sinnvollsten nutzt – etwa um den Code noch einmal zu refaktorisieren, den Automatisierungsgrad zu erhöhen oder den Prozess zu verbessern. Die nachhaltige Wirkung dieser Aktivitäten ist Rechtfertigung genug, um der kontinuierlichen Verbesserung den Vorzug gegenüber einem Mehr an Fachlichkeit zu geben.

Was mache ich mit Einzelkämpfern? Ob Diva oder Held: Es genügt ein Exemplar dieser egozentrischen Spezies, um ein ganzes Team zu sprengen. Während solche Einzelkämpfer in anderen Projekten ihre Bühne oder Nische finden, sorgen sie in einem Scrum-Projekt für Unruhe, denn hier steht der Teamgedanke im Mittelpunkt – und nicht ein einzelnes Teammitglied.

Selbstorganisierte Teams sollten in der Lage sein, solche Einzelkämpfer zu einer teamorientierten Arbeitsweise zu bewegen, indem sie beispielsweise in der Retrospektive deutlich betonen, dass alle Ergebnisse vom Team gemeinsam erarbeitet wurden, um dem Selbstdarsteller keine Bühne zu bieten. Der Scrum Master kann unterstützen, indem er beispielsweise konsequentes Pair Programming empfiehlt und damit keine Einzelleistungen zulässt. Im Rahmen von Vieraugengesprächen, die er mit allen Teammitgliedern regelmäßig führt, kann der Scrum Master den Einzelkämpfer auf dessen Verhalten ansprechen und ihm die Wirkung dieses Verhaltens auf andere verdeutlichen. Wichtig ist nur, dass man diesen Personen nicht die Erfolgserlebnisse nimmt, sondern versucht, ihnen klarzumachen, dass ein gemeinsam errungener Erfolg viel mehr wert ist als ein Einzelerfolg.

Schritt 4: Scrum in den organisatorischen Kontext einbetten

Scrum-Projekte sind nie isoliert von der Außenwelt – das widerspricht dem kollaborativen Charakter von Scrum. Somit ergeben sich zwangsläufig Schnittstellen – zum Gesamtprojekt, der Organisation, Kunden oder Lieferanten. Diese Schnittstellenpartner sind nicht immer agil. Es muss deshalb ein Weg der Zusammenarbeit gefunden werden, der den Bedürfnissen der agilen und der nichtagilen Kommunikationspartner gerecht wird.

Wie hole ich Hilfe aus der Welt jenseits von Scrum?

Da viele Unternehmen ihre ersten agilen Gehversuche in ausgewählten Projekten stattfinden lassen, bevor sie (wenn überhaupt) diese Arbeitsweise auf das gesamte Unternehmen ausdehnen, tritt unweigerlich die Situation ein, dass ein Scrum-Team auf die Unterstützung aus Organisationseinheiten angewiesen ist, die nicht nach Scrum arbeiten. Dabei kann es sich zum Beispiel um die Unterstützung durch einen Experten handeln, dessen Erfahrung für ein spezielles Thema erforderlich ist. Eine solche Person ein gesamtes Projekt lang im Scrum-Team zu halten, wäre einerseits kontraproduktiv und andererseits unrealistisch. Die Integration eines solchen Experten sollte aber mindestens für einen gesamten Sprint erfolgen. Auf diese Weise ist der Experte bereits in die Sprint-Planung involviert und weiß, wo sich sein Spezialwissen im Produkt wiederfinden wird – ein wichtiger Motivator. Außerdem kann er sich voll und ganz seiner Aufgabe in diesem Sprint widmen, anstatt immer nur tage- oder stundenweise daran zu arbeiten und viel Zeit und Energie beim ständigen Aufgabenwechsel zu vergeuden. Am Ende bekommt der Experte im Sprint Review die Chance, seinen Beitrag zum Produktinkrement zu präsentieren. Und ganz nebenbei hat er erste praktische Scrum-Erfahrungen gesammelt. Je kürzer ein Sprint, desto größer ist übrigens die Chance, den Experten für einen ganzen Sprint »ausleihen« zu dürfen.

Synchronisierung von Sprints und nicht-agilen Projektplänen

Es sind nicht nur Experten aus der »Außenwelt«, zu denen eine Abhängigkeit besteht. Oft sind es auch Produktbestandteile, die zugeliefert werden. Wenn das Sprint-Ziel von solchen Zulieferungen abhängt, erschwert das die Planung. Schließlich arbeiten die Zulieferer nicht zwingend im selben Sprint-Takt, oft sogar ganz ohne Takt. Solange ein Lieferzeitpunkt verbindlich zugesagt (bzw. im Scrum-Sinne prognostiziert) werden kann, lässt sich der zugelieferte Produktbestandteil in dem auf die Lieferung folgenden Sprint verwenden oder verarbeiten. Schwierig wird es nur, wenn kein Liefertermin genannt wird – etwa weil der Zulieferer keine prioritätsgesteuerte Planung nutzt. In diesem Fall hilft nur ein (er-)klärendes Gespräch, an dessen Ende ein Liefertermin steht.

Einbettung in ein nicht-agiles Projekt

Neben der oben beschriebenen Unterstützung durch Personal und Artefakte und dem Synchronisierungsproblem gibt es bei der Einbettung eines agilen Projekts in ein nicht-agiles Gesamtprojekt weitere Aspekte zu beachten.

Rollenverständnis. Nicht allen Beteiligten in traditionellen Projekten sind die Scrum-Rollen geläufig. Das kann zu Missverständnissen führen – etwa wenn der Projektleiter eines anderen Teilprojekts den Projektleiter des Scrum-Teilprojekts sucht. Eine kurze Scrum-Schulung, mindestens aber eine Beschreibung von Scrum und insbesondere der Scrum-Rollen sowie ein Mapping auf die traditionellen Projektrollen wird den anderen Teilprojektteilnehmern helfen, die Arbeitsweise des Scrum-Teams besser zu verstehen. Besonders empfehlenswert ist es, die Beteiligten der traditionellen Teilprojekte zu den Daily Scrums und zum Sprint Review einzuladen, um ihnen ein Gefühl für die Scrum-Arbeitsweise zu geben.

Bedeutung von Anforderungsbeschreibungen. Viele klassisch ausgebildete Businessanalysten und Requirements Engineers empfinden die Dynamik, mit der sich das Product Backlog entwickelt, und den unterschiedlichen Detaillierungsgrad der im Product Backlog beschriebenen Anforderungen als unkalkulierbares Risiko. Sie sind es gewohnt, vor Beginn der Softwareentwicklung alle Anforderungen nach bestem Wissen und Gewissen möglichst genau beschrieben und den für die Implementierung benötigten Aufwand möglichst genau geschätzt zu haben. Bei der Aufwandschätzung projizieren sie die Anforderungen bzw. Aufgaben oft implizit oder explizit auf die am geeignetsten erscheinenden Teammitglieder. All das passiert in Scrum nicht – und das aus gutem Grund, wie wir in diesem Buch erläutert haben. Anstatt nun von den Anforderungsermittlern zu erwarten, dass diese ihr Wissen und ihre Erfahrung über Bord werfen und fortan die Anforderungen Scrum-konform erheben, sollte ein Scrum-Team einen kooperativen Ansatz wählen, in dem die Stärken der klassischen Anforderungsermittlung mit den Prinzipien agiler Anforderungsermittlung in Einklang gebracht werden. Unserer Erfahrung nach liegt der Unterschied nämlich hauptsächlich in der Frage, *wann* und *wie detailliert* die Anforderungen erhoben werden, und nicht so sehr in der Art, *wie* Anforderungen erhoben und beschrieben werden. Das Instrumentarium des klassischen Anforderungsmanagements ist sehr umfangreich und fundiert. Es lohnt sich, als Product Owner einen Blick zu riskieren und geeignete Werkzeuge für die eigene agile Arbeit zu identifizieren – und zu nutzen.

Dass die Dynamik und Detailvarianz der Backlog Items im Product Backlog eine Stärke von Scrum ist, lässt sich besser erleben als beschreiben. Deshalb sollte der Product Owner seine Kollegen aus den traditionell arbeitenden Teilprojekten dazu einladen, der Backlog-Pflege beizuwohnen, beispielsweise in einem Estimation Meeting.

Vertikaler Durchstich vs. schichtenorientierte Entwicklung. Der Fokus auf einem funktionierenden (Teil-)Produkt führt bei agiler Softwareentwicklung dazu, dass zunächst ein vertikaler Durchstich durch alle Ebenen der Produktarchitektur (in Softwareprojekten durch alle Ebenen der IT-Schichtenarchitektur) geschaffen wird, bevor man Schritt für Schritt und Iteration für Iteration weitere Funktionen (wieder als Durchstich) ergänzt. In einigen traditionellen Projekten wird hingegen schichtenorientiert vorgegangen: Zunächst wird das Datenmodell entwickelt, darauf aufbauend die Datenzugriffsschicht, dann die Funktionsmodule bzw. die Serviceschicht und gegebenenfalls weitere Zwischenschichten, bis schließlich die Benutzungsoberfläche (das Frontend) entsteht. Neben der Tatsache, dass bei einer schichtenorientierten Entwicklung erst ganz zum Schluss etwas Funktionsfähiges entsteht, kann diese Methode dazu führen, dass die vom Scrum-Team benötigten Zulieferungen aus einem schichtenorientiert arbeitenden Team erst sehr spät nutzbar sind (nämlich erst dann, wenn alle Schichten implementiert sind). Das kann die Synchronisierung der Teilprojekte stark beeinträchtigen. Deshalb muss der Product Owner die benötigten Zulieferungen so früh wie möglich identifizieren und mit dem liefernden Teilprojekt einen Liefertermin verhandeln.

Einbettung in eine nicht-agile Organisation

Während eine Einbettung in ein nicht-agiles Gesamtprojekt gelingen kann, so wird eine Einbettung in eine nicht-agile Organisation auf Dauer problematisch werden. Eine Organisation ist nach unserer Definition dann nicht-agil, wenn sie das im Agilen Manifest beschriebene Wertesystem und die darauf basierenden Prinzipien ablehnt oder höchstens duldet. Ohne eine agile Grundeinstellung bis hinauf ins Management wird es ein agiles Projekt immer schwer haben. Das beginnt bei der Forderung des Scrum-Teams nach maximaler Transparenz und dem Anspruch der Teammitglieder, unabhängig von der hierarchischen Einordnung eine Meinung vertreten und das »Wie« bestimmen zu dürfen. Und es endet beim Personalmanagement, weil die Qualifikationsprofile für Mitglieder agiler Teams neben technischer und fachlicher Exzellenz auch Methodenkompetenz und Teamfähigkeit fordern. Deshalb empfehlen wir, die ersten Erfolge agiler Projekte zu nutzen, um die agile Denkweise in die Organisation zu tragen. Wie das geht, skizzieren wir im folgenden Abschnitt.

Schritt 5: Die agile Organisation

Um die agilen Erfahrungen aus einem Scrum-Projekt auf andere Teile der Organisation zu übertragen, muss man sich zunächst darüber klar werden, dass man damit im Begriff ist, eine neue Denkweise zu etablieren.

Der Effekt bei der Einführung agiler Methoden ist vergleichbar mit dem Übergang von der prozeduralen zur objektorientierten Programmierung: Sobald man die Prinzipien verstanden und verinnerlicht hat, kann man sich kaum noch vorstellen, je wieder anders zu denken und zu arbeiten. Das liegt daran, dass es sich bei beiden Konzepten nicht allein um eine neue Arbeitsweise handelt, sondern vor allem um eine neue Denkweise oder Sicht auf die Welt. Wo der objektorientierte Programmierer eine Welt voller Objekte mit Eigenschaften sieht, betrachtet der agile Entwickler die Welt als komplexes adaptives System und Softwareentwicklung als kollaborative Tätigkeit in interdisziplinären Teams, die von einem gemeinsamen Wertesystem zusammengehalten werden. Um aus einer Organisation eine agile Organisation zu machen, genügt es folglich nicht, das Handeln der Akteure in dieser Organisation zu beeinflussen; man muss die Akteure dazu bewegen, neu zu denken – und das ist ungleich schwieriger. Nachfolgend einige Handlungsempfehlungen, um das Umdenken zu initiieren:

Die eigene Geschichte erzählen

Zunächst sollte man die Geschichte des eigenen Scrum-Projekts erzählen und erlebbar machen. Warum hat das Projektteam den agilen Weg gewählt? Welche Hindernisse mussten überwunden werden? Welche Fehler wurden gemacht? Was hat das Team daraus gelernt? Welche Erfolge konnten gefeiert werden? Wie wurde der Scrum-Prozess an die Projektbedürfnisse angepasst? Zur Illustration dieser Fragen können Artefakte aus dem Projekt dienen: ausgewählte

Backlog Items, die zeigen, wie in Scrum Anforderungen beschrieben werden, ein Foto vom Taskboard oder ein Burndown Chart, der belegt, dass Scrum ein planvoller Prozess ist. Zitate von Stakeholdern und Kunden geben der Geschichte mehr Authentizität und Bedeutung. Klingt nach Marketing? Genau das ist es. Denn nur wer Gutes tut und darüber redet, der wird andere davon überzeugen können, es ebenfalls zu versuchen. Wo und wie Sie diese Geschichte erzählen, hängt ganz von ihren Möglichkeiten und Ihrer Kreativität ab: Ein Beitrag zur hausinternen Mitarbeiterzeitung, ein Aushang am Schwarzen Brett, ein Flyer, ein Comic oder ein Audio- oder Video-Podcast – wählen Sie das Format, das bei den gewünschten Empfängern am besten ankommt.

Einblicke bieten und erklären

Laden Sie Gäste zu den Scrum-Meetings ein, um Scrum erlebbar zu machen. Eine Stunde »mittendrin« ist viel intensiver als ein Projektbericht über Scrum. Planen Sie nach dem Meeting eine halbe bis eine Stunde Zeit für Fragen an das Scrum-Team ein. Hier werden Verständnisfragen beantwortet und Vorurteile aus dem Weg geräumt. Das erhöht die Chance, dass sich die Gäste immer mehr für Scrum und agile Vorgehensweisen interessieren. Empfehlen Sie Literatur (z. B. dieses Buch), Weblogs und andere Internetseiten, auf denen die interessierten Gäste mehr Informationen zum Thema finden. Sie haben das nächste Zwischenziel erreicht, wenn Sie die erste Anfrage nach Unterstützung beim Aufbau eines weiteren agilen Teams bekommen.

Unterstützen und begleiten

Wenn Sie Glück haben, dürfen Sie jetzt als hausinterner Berater und Coach ein anderes Scrum-Team von der Forming- bis hin zur Performing-Phase begleiten. Dabei werden Ihre eigenen Erfahrungen mit Scrum eine wertvolle Hilfe sein. Vergessen Sie bitte bei aller Begeisterung nicht, dass Ihr Erfahrungsschatz zum Teil nur in Ihrem bisherigen Projektkontext eine Bedeutung hat. So wie Sie den optimalen Prozess für Ihr Projekt iterativ entwickelt haben, wird es auch das Projekt tun, das Sie begleiten dürfen. Anstatt

Patentrezepte zum Besten zu geben, sollten Sie deshalb besser Anekdoten aus Ihrem Projekt erzählen, die verdeutlichen, wie wertvoll das Inspect-and-Adapt-Prinzip ist. Versetzen Sie sich immer wieder in die Lage der Teammitglieder und bewerten Sie die eigenen Handlungen aus deren Sicht. Mit dieser Sichtweise werden Sie für das Team ein Partner sein, dessen Unterstützung man schätzt.

Gemeinsam lernen

Sobald es mehr als ein Scrum-Team in der Organisation gibt, kann es sinnvoll sein, sich rollenspezifisch auszutauschen. Es gibt Fragen, die sich jeder Product Owner oder Scrum Master stellt – warum also nicht gemeinsam nach den Antworten suchen. Zu diesem Zweck kann man regelmäßige Treffen für Scrum-Praktiker (Communities of Practice) einrichten, die der Klärung konkreter Fragen aus dem Projektalltag, aber auch der Weiterbildung dienen. Auflockernde Spiele für die nächste Retrospektive können dort ebenso vorgestellt werden wie neue Schätzverfahren, man diskutiert aktuelle Themen und Thesen der agilen Community oder den neuesten Scrum Guide. Hauptsache ist, dass sich die agilen Praktiker überhaupt weiter mit Scrum und anderen agilen Themen beschäftigen, anstatt im Projekt nur noch auf der Stelle zu treten. Schließlich lebt Scrum vom ständigen Lernen und vom Inspect and Adapt. Mit anderen Worten:

Scrum ist kontinuierliche Verbesserung

Auf die Frage, wann eine Scrum-Einführung beendet ist, antworten wir: »Nie!« Da sich die Welt um uns herum ständig verändert und auch wir immerzu lernen und Erfahrungen sammeln, wird sich die Art und Weise, wie wir Scrum in unserer Organisation verwenden, ebenfalls immer wieder ändern müssen. Scrum hat dieses System der kontinuierlichen Verbesserung fest eingebaut – wir müssen es nur nutzen, das heißt:

- kurz innehalten,
- das Tagesgeschäft beiseite legen und eine neue Perspektive einnehmen,
- die Verbesserungsmöglichkeiten erkennen,

- die Veränderung (oftmals ein Experiment) einleiten und
- den Erfolg der Veränderung bewerten.

Wem dieses Prinzip in Fleisch und Blut übergegangen ist, wer mühelos Potenzial erkennt und innerhalb der von Scrum gesteckten Grenzen Dinge verändern will und kann, der darf sich wahrlich einen Scrum-Meister nennen.

Was noch?

Wir beschließen dieses Kapitel mit einem Ausblick auf Themen, die in vielen Scrum-Projekten eine Rolle spielen, wenngleich sie nicht Bestandteil von Scrum sind. Wir können diese Themen im Kontext dieses Buchs nur anreißen und verweisen für die Vertiefung auf die weiterführende Literatur.

Agile Software Engineering

Weder im Scrum Guide noch im ersten Scrum-Buch [Schwaber 2001] werden Softwareentwicklungspraktiken im Zusammenhang mit Scrum erwähnt. Es ist schließlich Aufgabe des Teams, zu entscheiden, welche Methoden und Praktiken verwendet werden, um das bestmögliche Ergebnis zu erzielen. Einige dieser Praktiken sind mittlerweile sehr etabliert, daher können wir sie guten Gewissens für die erfolgreiche Softwareentwicklung empfehlen. Allgemein kann man sagen, dass sich die Praktiken des eXtreme Programming [Beck 2004] und Scrum gut ergänzen. Darüber hinaus gibt es weitere Konzepte und Praktiken, die besonders gut zur Scrum-Denkweise passen. Einige davon stellen wir kurz vor.

Software Craftsmanship

Beim Software Craftsmanship [Martin 2012] geht es im Wesentlichen darum, eine hohe handwerkliche Qualität der abgelieferten Arbeit sicherzustellen und ständig zu verbessern. Auch hier existiert ein Manifest [Craftsmanship], das sich direkt auf das Agile Manifest bezieht und somit die Nähe zur agilen Softwareentwicklung verdeutlicht.

Im Einzelnen fußt Software Craftsmanship auf drei Prinzipien:

Hoher Qualitätsanspruch
Hierbei wird unterschieden zwischen innerer und äußerer Qualität. Die äußere Qualität ist die nach außen sichtbare. Hier geht es in erster Linie um Akzeptanz und die Erfüllung funktionaler Anforderungen, aber durchaus auch um nicht funktionale Anforderungen wie Performanz, Robustheit, Bedienbarkeit und ähnliche »weiche« Faktoren.

Die innere Qualität hingegen ist diejenige, die Nachhaltigkeit erzeugt. Hier geht es um eine gute, nachhaltige Architektur, ständiges Refactoring, lesbaren Code usw.

Dies mag im ersten Moment dem agilen Prinzip der Einfachheit und des iterativ-inkrementellen Anspruchs widersprechen. Bei näherer Betrachtung fällt jedoch auf, dass iterativ-inkrementelle Entwicklung eben auch häufige Änderung und damit leichte Änderbarkeit bedeutet. Dies wiederum setzt »aufgeräumten« Code und zukunftssichere Architekturen voraus, da sonst Änderungen zum Albtraum werden und im Zweifel nicht mehr stattfinden aus Angst, etwas kaputt zu machen.

Wenn man bedenkt, dass im Laufe des Lebenszyklus einer Software nur 20 % der Zeit für die Erstentwicklung, aber 80 % für Änderungen und Weiterentwicklungen aufgewendet werden, ist es umso wichtiger, dass die innere Qualität stimmt.

Professionelles Handeln
Theoretisches Wissen um die notwendigen Praktiken ist wichtig, aber wichtiger noch ist das regelmäßige Üben dieser Praktiken, bis sie einem in Fleisch und Blut übergegangen sind.

Als Beispiel mag hier der Beruf des Piloten dienen: Eine Notlandung unter widrigen Umständen ist extrem unwahrscheinlich. Trotzdem wird dies von jedem Piloten regelmäßig geübt, um im entscheidenden Moment nicht nachdenken zu müssen, sondern rein mechanisch die richtigen Schritte in der richtigen Reihenfolge und der entsprechenden Sorgfalt auszuführen.

Der Vergleich zum Softwareentwickler hinkt sicher ein wenig, aber das Grundprinzip ist ähnlich: Nur wenn ich die notwendigen Techniken ständig übe, kann ich sie in der gebotenen Qualität liefern, selbst wenn es sich um Tätigkeiten handelt, die man nicht jeden Tag ausführt.

Software Craftsmanship bietet hier beispielsweise Coding Katas an (siehe u. a. [Thomas 2007]), in denen man eine bestimmte Aufgabenstellung auf verschiedene Arten und Weisen immer wieder übt, sodass die dafür notwendigen Techniken wie z. B. Test-Driven Development (TDD) und Refactoring als selbstverständliche Handgriffe in die tägliche Arbeit eingehen und hier zur Qualität und Nachhaltigkeit beitragen.

Ausbildung
Eine echte Exzellenz in dieser Disziplin erreicht man nur durch eine gute Ausbildung. Software Craftsmanship bietet mit den Stufen Novize, Wandersmann und Meister ein ähnliches Konzept wie das oben beschriebene Shu-Ha-Ri.

Das eigentlich Wichtige an diesem Prinzip ist die Weitergabe von Wissen. Es reicht nicht, selbst Fähigkeiten zu erlernen, auch die Verpflichtung zur Weitergabe dieses erlernten Wissens gehört dazu. Mentoring und die Arbeit in Communities sind deshalb essenzielle Bestandteile von Software Craftsmanship.

Pair Programming

Pair Programming oder auch paarweises Programmieren ist eine Technik aus dem eXtreme Programming [Beck 2004]. Hierbei arbeiten zwei Personen gemeinsam an der Umsetzung einer Anforderung. Normalerweise wird dies mit verteilten Rollen getan. Der eine Entwickler tippt und erklärt dabei, was er tut (der »Driver«), der andere sitzt daneben, versucht, die Gedankengänge des Kollegen zu verstehen, und hilft dabei, fokussiert eine adäquate Lösung zu erarbeiten (der »Observer«). Adäquat bedeutet in diesem Fall nicht allumfassend oder möglichst ausgefeilt, denn ein Leitsatz des eXtreme Programming lautet: »Baue die einfachste Lösung, die die Anforderung gerade eben erfüllt.«

Die Rollenverteilung kann auf verschiedene Arten interpretiert werden: Arbeiten zwei gleichermaßen erfahrene Entwickler gemeinsam an einer Aufgabe, dann wechseln sie sich in regelmäßigen Abständen ab, um sicherzustellen, dass die Konzentration hoch bleibt und dass durch die unterschiedlichen Blickwinkel alle Aspekte der Anforderung abgedeckt sind. Bilden hingegen ein Senior- und ein Junior-Entwickler das Paar, liegt der Fokus eher auf der Wissensvermittlung auf der einen und dem Code-Review auf der anderen Seite. Arbeiten ein Entwickler und ein Tester gemeinsam, wird der Tester (insbesondere beim Test-Driven Development) die Tests schreiben (die zunächst fehlschlagen) und der Entwickler durch Schreiben von Programmcode dafür sorgen, dass die Tests erfüllt werden. Das Ganze passiert in einer schnellen Abfolge und in kleinen Schritten, sodass durchaus alle paar Minuten die Tastatur den Besitzer wechselt.

Nun mag man auf den ersten Blick vermuten, dass sich ein solcher Aufwand nicht lohnt, denn wenn immer zwei Personen an einer Aufgabe arbeiten, hat sich vordergründig die Kapazität des Teams halbiert, die Kosten für die Umsetzung einer Anforderung haben sich aber verdoppelt. Dies ist glücklicherweise nicht richtig. Man stellt sehr schnell fest, dass die absolute Zeit, die an einer Aufgabe verbracht wird, deutlich geringer ist, als würde man allein davor sitzen. Durch die begleitende Diskussion und das regelmäßige Hinterfragen läuft man seltener in die falsche Richtung, entwickelt qualitativ bessere Lösungen, die nachweislich weniger fehleranfällig sind, und hat außerdem in aller Regel ein besseres Wir-Gefühl im Team. Untersuchungen haben gezeigt, dass der Mehraufwand ca. 10 bis 20 % beträgt, dieser sich aber durch die eben genannten Vorteile mehr als lohnt.

Continuous Integration

Ähnlich wie bei Software Craftsmanship geht es bei Continuous Integration darum, schwierige Tätigkeiten oft zu üben, ständig zu verbessern und zu automatisieren, wo immer es sinnvoll ist.

Im Rahmen der Softwareentwicklung wird regelmäßig (bei Scrum potenziell nach jedem Sprint) ein Produktinkrement an die Kunden ausgeliefert. Bevor das geschieht, müssen die einzelnen Module der Software in einer isolierten Umgebung (dem Integrationssystem) ihr erfolgreiches Zusammenspiel unter Beweis stellen. In dieser Umgebung wird also nicht mehr getestet, ob eine Komponente fehlerfrei funktioniert (das hat schon auf dem Testsystem stattgefunden), sondern ob sie fehlerfrei mit den anderen Komponenten zusammenarbeitet. Erst wenn dies bewiesen ist, kann eine Auslieferung an das Produktionssystem in Betracht gezogen werden.

Für diese Integration sind mehrere Schritte nötig. Zunächst muss die neue Softwareversion auf die Integrationsumgebung transportiert werden. Neben dem oft umfangreichen Programmcode kommen meistens noch Konfigurationsdateien, Datenbankänderungen und weitere Ressourcen wie beispielsweise Bilder, sprachabhängige Fehlermeldungen usw. hinzu. All diese Artefakte müssen in der richtigen Version zusammengebaut und transportiert werden, damit ein fehlerfreies Zusammenspiel gewährleistet ist. Dieser Schritt ist alles andere als trivial und will daher oft geübt sein, damit alles möglichst fehlerfrei und in kurzer Zeit erledigt ist. Der Build-Prozess sollte weitestgehend automatisiert sein, da es sich in der Regel um immer wiederkehrende Tätigkeiten handelt, die gut automatisierbar sind und bei manueller Durchführung eine vermeidbare Fehlerquelle darstellen.

Der mechanische Verteilungsakt ist aber nur ein Aspekt der Continuous Integration. Der andere, wahrscheinlich noch schwierigere, aber auch wichtigere Teil ist das integrative Testen aller Komponenten. Hierzu werden von den Entwicklern sogenannte Integrationstests implementiert, die das Zusammenspiel der einzelnen Komponenten untereinander überprüfen. Diese auch »End-to-End-Tests« genannten Szenarien prüfen beispielsweise, ob die an der Benutzeroberfläche getätigten Eingaben fehlerfrei und mit den richtigen Ergebnissen durch die Middleware in die Backend-Systeme gelangen und dort in der gewünschten Form für etwaige nachgelagerte Systeme wie Reporting, Zahlprozesse oder Archivierung zur Verfügung stehen.

Diese Tests sind nur dann wirklich sinnvoll, wenn sie vollständig automatisiert ablaufen. Und genau hierin besteht der Nutzen der

Continuous Integration: Durch sofortiges automatisiertes Bauen, Transportieren und Testen der beteiligten Komponenten hat man nach jeder Änderung eines Bausteins ein sehr schnelles Feedback darüber, ob die Änderung die neue Funktionalität fehlerfrei bereitstellt oder ob durch diese Änderung andere Programmteile derart in Mitleidenschaft gezogen wurden, dass diese nun fehlerhaft sind.

Dieses sofortige Feedback durch automatisierte Deployment- und Testprozesse trägt erheblich zur Softwarequalität bei, da Folgefehler früh erkannt werden und somit schnell behoben werden können.

Mehrere Teams

Im Scrum Guide wird nur von »dem Scrum-Team« gesprochen. Ein Team sollte aus nicht mehr als neun Mitgliedern bestehen, was unweigerlich zu der Frage führt, ob Scrum auch für größere Projekte geeignet ist.

In der Tat sind alle Scrum-Prinzipien der Selbstorganisation auf den ersten Blick nur auf ein einzelnes Team ausgerichtet. Projekte, an denen mehrere Teams beteiligt sind, eignen sich jedoch ebenfalls für Scrum, wenn man einige Randbedingungen definiert.

Ein Product Owner pro Team

Product Owner ist eine Vollzeittätigkeit! Diese Erfahrung mussten schon viele Menschen machen, die versucht haben, »mal eben nebenbei« fachliche Anforderungen zu schreiben, sie zu priorisieren, mit den Stakeholdern zu verhandeln und dem Team zu erklären (siehe auch [Sahling 2011]).

An dieser Tatsache ändert sich auch nichts, wenn wir mehrere Scrum-Teams haben. In diesem Fall ist es sogar sinnvoll, einen Product Owner pro Team zu haben.

Aber wie verhindert man, dass jeder Product Owner eigene Ideen hat und diese umsetzt, obwohl sie nicht zur Vision des Gesamtprodukts passen? Hier kommt wieder ein agiles Prinzip zum Tragen, nämlich ständige und zielgerichtete Kommunikation. Natürlich reden die Product Owner miteinander, idealerweise haben alle Product Owner einen Jour fixe, in dem sie ihre Aktivitäten untereinander abstimmen. Letztendlich wollen alle gemeinsam ein gutes Produkt entwickeln. Dafür bedarf es aber einer Einzelstimme, die über die Gesamtheit der Produkteigenschaften, deren Priorität und die Zuordnung zu Releases entscheidet, unabhängig davon, welches Team sich um welche Produkteigenschaften kümmert. Es wird also einen »Ober-Product Owner« geben müssen, der diese Entscheidungen trifft und die Details dann den Product Ownern der einzelnen Teams überlässt.

Manche Firmen nennen diese Rolle Projektmanager, andere Produktmanager. Der Name ist letztendlich egal, solange es eine Person gibt, die die grobe Richtung und den Zeitplan dafür angibt.

Ein Scrum Master pro Team

Für den Scrum Master gilt Ähnliches. Jedes Team ist anders, jedes Team braucht eine andere Form der Unterstützung. Ein Zitat, das Ken Schwaber zugeschrieben wird, lautet: »Ein mittelmäßiger Scrum Master kann zwei bis drei Teams betreuen, ein guter Scrum Master nur genau eins!«

Zur Erinnerung: Die Hauptaufgabe eines Scrum Masters ist es, alle Hindernisse so aus dem Weg zu räumen, dass das Team unter optimalen Bedingungen und ohne Störung arbeiten kann. Dies ist eine Aufgabe, die ganz sicher nicht nebenbei erledigt werden kann, sondern die volle Konzentration auf genau ein Team erfordert.

Wer nun meint, erfahrene Scrum-Teams wüssten schon, welche Maßnahmen ein Team optimal unterstützen, und bräuchten deshalb einen Scrum Master nicht mehr in Vollzeit für sich allein, der sei auf den Abschnitt »Warum braucht ein selbstorganisiertes Entwicklungsteam einen Scrum Master?« auf Seite 154 verwiesen, in dem erklärt wird, dass diese Sicherheit äußerst trügerisch ist und auch hier das Prinzip der kontinuierlichen Verbesserung angewandt werden muss. Und leider kann man als Teammitglied nicht immer erkennen, welches die erforderlichen Schritte sind, um die Teamleistung weiter zu verbessern – schließlich ist man Teil des Systems und als solches befangen und manchmal sogar ein wenig betriebsblind.

Gemeinsames Product Backlog

Wenn mehrere Teams an einem Produkt arbeiten, stellt sich sofort die Frage, ob man denn ein gemeinsames Product Backlog oder ein separates Product Backlog je Scrum-Team haben sollte.

Unserer Meinung nach ist ein gemeinsames Product Backlog die einzig sinnvolle Variante. Alle Anforderungen an ein Produkt sollten jederzeit gegeneinander abgewogen und in eine Reihenfolge gebracht werden können. Dies lässt sich nur dann mit vertretbarem Aufwand bewerkstelligen, wenn alle Anforderungen in einer gemeinsamen Liste stehen.

Bei der Auswahl des Arbeitsvorrats der einzelnen Teams für den kommenden Sprint kann dann allerdings nicht mehr rein nach der Reihenfolge im Product Backlog vorgegangen werden. Hier kommen zusätzliche Aspekte wie Abhängigkeiten zwischen den Backlog Items (und den Teams) und fachlich sinnvolle Paketierungen hinzu. Die nicht triviale Aufgabe des jeweiligen Team Product Owners ist es dann, die richtigen Aufgaben für das Selected Product Backlog auszuwählen, ohne den roten Faden des Gesamtprodukts außer Acht zu lassen. Das gelingt am besten, wenn alle Product Owner gemeinsam auf das Product Backlog schauen und die Selected Product Backlogs aufeinander abstimmen.

Abstimmung zwischen den Teams

Oft ist es so, dass Teams einander zuarbeiten müssen. Die Produkteigenschaft, die das eine Team implementiert, ist nur dann vollständig oder gar überhaupt lauffähig, wenn ein anderes Team die entsprechende Vorarbeit geleistet hat.

»Vorarbeit« ist in diesem Zusammenhang wörtlich gemeint! Nichts ist schlimmer für die Produktivität eines Teams, als wenn notwendige Vorarbeiten noch nicht fertig sind und man im laufenden Sprint warten muss, bis ein anderes Team seinen Beitrag geliefert hat. Aus diesem Grund gibt es zwei mögliche Herangehensweisen an dieses Problem, die sich nicht ausschließen:

Vorarbeiten in vorausgehenden Sprints
Wenn ein Team eine Vorleistung zu tätigen hat, sollte diese in einem vorherigen Sprint abgeschlossen worden sein. So ist sichergestellt, dass aus Sicht des abhängigen Teams zu Sprint-Beginn alle Voraussetzungen erfüllt sind. Sollte dies wider Erwarten nicht der Fall sein, kann das abhängige Team das entsprechende Backlog Item noch vor Sprint-Beginn aus dem Sprint nehmen, sodass in keinem Fall eine Wartezeit auftritt.

Interface-driven Design
Oft werden die Arbeitsergebnisse des anderen Teams über technische Schnittstellen angesprochen. Hier bietet es sich an, in einem Sprint zunächst die Schnittstellendefinition zu finalisieren. Dann können beide beteiligten Teams auf ihrer Seite der Schnittstelle unabhängig voneinander entwickeln. Die Funktionalität des über die Schnittstelle angesprochenen Diensts lässt sich mithilfe eines Mock-Objekts simulieren (vgl. [Mock-Objekt]), bis die endgültige Funktionalität aller beteiligten Teams zur Verfügung steht.

Schneidung von Teams

Zur Schneidung von Teams, also der Aufteilung der verschiedenen Projektmitarbeiter auf die einzelnen Teams, gibt es im Wesentlichen drei Ansätze:

- Schneidung nach Organisationseinheiten
- Schneidung nach Komponenten
- Schneidung nach fachlichen Themen

Die Schneidung nach Organisationseinheiten ist nach unserer Meinung die schlechteste aller möglichen. Die Abteilungsstruktur eines Unternehmens hat oft nichts mit dem zu entwickelnden Produkt zu tun. So gibt es möglicherweise eine Marketingabteilung, eine Systemadministration, eine Architekturabteilung und eine Entwicklungsabteilung, um nur einige Beispiele zu nennen. Wir erinnern uns an die Forderung nach cross-funktionalen Teams: Hier geht es darum, alle Fähigkeiten, die zur Entwicklung der Produkteigenschaften nötig sind, in einem Team zu vereinigen, um möglichst wenig Zeit zu verlieren mit dem Warten auf Zulieferungen von anderen Teams. Diese Forderung lässt sich in dieser Variante der Schneidung in keinem Fall erfüllen.

Die Schneidung nach technischen Komponenten ist ein durchaus üblicher, wenngleich trotzdem nicht immer zielführender Weg. Das Argument der nicht cross-funktionalen Teams greift hier natürlich genauso stark, wenn ich ein SAP-, ein Middleware- und ein Frontend-Team habe, die gemeinsam ein Produkt entwickeln. Um eine Produktfunktionalität zu entwickeln, bedarf es üblicherweise der Zuarbeit aller Teams – mit den Konsequenzen, die im Abschnitt »Abstimmung zwischen den Teams« auf Seite 174 diskutiert wurden.

Die aus unserer Sicht einzige dauerhaft erfolgreiche Schneidung von Teams geschieht entlang der fachlichen Komponenten. Entwickelt man beispielsweise ein Internetportal, das Reisen anbietet, könnte sich ein Team um Pauschalreisen kümmern, ein weiteres um Hotelbuchungen, und ein drittes könnte alle Themen rund um die Autovermietung behandeln. Der Abstimmungsaufwand zwischen den Teams ist vergleichsweise gering. Jedes Team arbeitet in seiner eigenen Geschwindigkeit und schafft ein unabhängiges, für den Benutzer wertvolles Teilprodukt. Hier wird alles, was zu dieser Funktionalität gehört, von genau einem Team produziert und geliefert: die Datenbankstrukturen, die Geschäftsobjekte, Suchalgorithmen in angeschlossenen Drittportalen sowie die grafische Benutzeroberfläche. Keinerlei Zuarbeit von anderen Teams ist nötig. Als Nebeneffekt steigt die Zufriedenheit der Teammitglieder; sie sind keine Fließbandarbeiter in einem Gesamtprozess, sondern bauen eigenständig ein unabhängiges Teilprodukt.

Beziehungen zwischen Teams

Zwischen den Teams gibt es immer formelle und informelle Beziehungen. So kann es zum Beispiel eine gesunde Konkurrenz geben. Diese kann aber auch ins Negative umschlagen, wenn beispielsweise die anderen Teams als minderwertig erachtet werden. Dies ist besonders häufig bei Teams anzutreffen, die auf mehrere Standorte verteilt sind. Das Team in München schimpft auf das Team in

Hamburg, weil Zulieferungen nicht rechtzeitig eingetroffen sind. Hierbei spielt nicht nur der sachliche, faktische Tatbestand eine Rolle, z. B. wenn wirklich eine Frist verstrichen ist, ohne dass die Zusicherung eingehalten wurde. Diese Konflikte finden immer auch auf der Beziehungsebene statt, wobei kulturelle Unterschiede zwischen den unterschiedlichen Standorten oft noch verstärkend wirken. Man sollte hierbei nicht unterschätzen, dass es sich keineswegs um ein Phänomen handelt, dass regional bedingt ist (gerade bei Produktionsstätten in mehreren Ländern), sondern ebenfalls schon bei Stammhäusern und Filialen, Altfirma und zugekauften Firmenteilen oder sogar Haupthaus und Anbau greifen kann.

Um diese Konflikte in den Griff zu bekommen, bedarf es eines Moderators oder Mediators. Erst wenn die Konflikte gelöst sind, wird die interdisziplinäre Zusammensetzung des Teams wieder zum Vorteil, und die Diversität ist wieder eine Bereicherung und kein Störfaktor.

Verstreute Teams

Verstreute Teams sind ein Sonderfall der Konstellation mit mehreren Teams. Hier ist das Team selbst über mehrere Standorte verteilt. Grundsätzlich gelten die gleichen Bedingungen, allerdings gilt es noch ein paar zusätzliche Aspekte zu berücksichtigen.

Dadurch, dass die räumliche Trennung nicht nur zwischen den Teams, sondern sogar innerhalb eines Teams stattfindet, können Konflikte nicht mehr ignoriert werden, sondern behindern tatsächlich die tägliche Zusammenarbeit. Dies kann zur Folge haben, dass die Teamleistung dramatisch sinkt bis hin zu dem Extremfall, dass sich die verschiedenen Teilteams gegenseitig derart behindern, dass kein sinnvolles Ergebnis mehr erzielt wird.

Das Verstreuen der Teammitglieder über mehrere Standorte ist nicht ideal, aber gerade in großen Konzernen manchmal nicht zu verhindern. Durch einen Firmenzukauf sitzt das Team, das sich auf Qualitätssicherung spezialisiert hat, an einem eigenen Standort, während die GUI-Designer und das Middleware-Team, in dem die Geschäftslogik und die Persistenz angesiedelt sind, an einem anderen Standort beheimatet sind. Die offensichtliche Lösung, diese Teams örtlich zusammenzuführen, widerspräche der Schneidung nach fachlichen Komponenten.

In einer solchen Situation sollte man unbedingt verhindern, dass Teile des Teams so eigenständig arbeiten, dass sie den Rest des Teams nicht benötigen, um ihre Arbeit zu erledigen. Was bei der Schneidung von Teams gut und richtig ist, wäre hier fatal. Die fehlende innere Abhängigkeit würde nämlich dazu führen, dass sich Teilteams bilden, für die wieder all die oben geschilderten negativen Folgen der Teamdynamik greifen würden, sodass ein gemeinsames Teamgefühl und damit auch eine Teamleistung unmöglich würden.

Sinnvoller ist es hier, die Teams so auf ihre Aufgaben aufzuteilen, dass Teammitglieder aus verschiedenen Standorten gemeinsam an einem Backlog Item arbeiten. Innerhalb dieser Zusammenarbeit hat das Team dann die Möglichkeit, kulturelle, regionale oder sonstige Konflikte zu erkennen, sich durch die Zusammenarbeit den gegenseitigen Respekt zu sichern und so trotz räumlicher Trennung eine echtes Team zu werden.

Ganz sicher ist es aufwendiger, bei verteilten Teams ein Wir-Gefühl zu erzeugen. Es wird nötig sein, in regelmäßigen Abständen gemeinsame Veranstaltungen zu organisieren, um sich besser kennenzulernen. Denn nur wenn man sich von Angesicht zu Angesicht kennt, kann man eine gute persönliche Beziehung aufbauen, die für gute Teamarbeit zwingend erforderlich ist. Leider ist dies bei verteilten und verstreuten Teams immer mit Reisekosten verbunden. Die Erfahrung zeigt aber, dass sich diese Investition lohnt, wenn man es dadurch schafft, die Teams so zusammenzuschweißen, dass die räumliche Trennung keine negativen Auswirkungen auf die Teamarbeit hat. Diese Maßnahmen sind natürlich keine einmalige Angelegenheit; sie müssen regelmäßig stattfinden, da man sonst allzu leicht wieder in die alten Verhaltensmuster zurückfällt.

Die ganz praktischen Probleme der räumlichen Trennung, wie z. B. Daily Scrums in unterschiedlichen Zeitzonen oder Besprechungen via Audio- und Videotechnik, klammern wir hier bewusst aus und verweisen für eine detaillierte Behandlung dieses facettenreichen Themas gern auf [Eckstein 2009].

ANHANG A
Literatur

[3sat Philosophie 2012] Was ist eigentlich Empirismus? – Philosophisches Kopfkino; 3sat Mediathek 2012; *http://www.3sat.de/mediathek/index.php?display=1&mode=play&obj=29119*

[Agile Manifesto] Manifesto for Agile Software Development; *http://www.agilemanifesto.org/*

[Agile Manifesto – Principles] Principles behind the Agile Manifesto; *http://www.agilemanifesto.org/principles.html*

[Anderson 2011] David J. Anderson: Kanban – Evolutionäres Change Management für IT-Organisationen. dpunkt.verlag 2011

[Appelo 2010] Jurgen Appelo: Management 3.0 – Leading Agile Developers, Developing Agile Leaders. Addison-Wesley Longman 2010

[Baethge 2010] Anja Baethge, Thomas Rigotti: Arbeitsunterbrechungen und Multitasking. Ein umfassender Überblick zu Theorien und Empirie unter besonderer Berücksichtigung von Altersdifferenzen; 1. Auflage. Dortmund: Bundesanstalt für Arbeitsschutz und Arbeitsmedizin 2010

[Beck 2004] Kent Beck, Cynthia Andres: eXtreme Programming eXplained – Embrace Change; 2nd Edition. Pearson, Addison Wesley Longman 2004

[Beermann 2010] Susanne Beermann, Monika Schubach: Spiele für Workshops und Seminare; 3. Auflage. Haufe-Lexware 2010

[**Cockburn**] Alistair Cockburn: Shu Ha Ri; *http://alistair.cockburn.us/Shu+Ha+Ri*

[**Cohn 2004**] Mike Cohn: User Stories Applied. Addison-Wesley 2004

[**Cohn 2010**] Mike Cohn: Agile Softwareentwicklung – Mit Scrum zum Erfolg! Addison-Wesley 2010

[**Coldewey 2012**] Jens Coldewey: Was heißt hier »Agil«? OBJEKTspektrum 04/2012

[**Craftsmanship**] Manifesto for Software Craftsmanship; *http://manifesto.softwarecraftsmanship.org/*

[**DeGrace 1990**] Peter DeGrace, Leslie Hulet Stahl: Wicked Problems, Righteous Solutions – A Catalogue of Modern Software Engineering Paradigms. Prentice Hall 1990

[**Derby 2006**] Ester Derby, Diana Larsen: Agile Retrospectives – Making Good Teams Great. Pragmatic Programmers 2006

[**Dräther 2011**] Rolf Dräther: Der Waldarbeiter und seine Säge; *http://www.denksplitter.de/2011/12/06/der-waldarbeiter-und-seine-sage/*

[**Dräther 2012**] Rolf Dräther: Mit Herz und Hand, Ein Plädoyer für haptische Tools; *http://www.denksplitter.de/2012/06/23/mit-herz-und-hand/*

[**Dueck 2011**] Gunter Dueck: Professionelle Intelligenz; *http://vimeo.com/32837984*

[**Dueck 2012**] Gunter Dueck: Shuhari; *http://innovisions.de/beitraege/shuhari/*

[**Eckstein 2009**] Jutta Eckstein: Agile Softwareentwicklung mit verteilten Teams. dpunkt.verlag 2009

[**Gloger 2011**] Boris Gloger: Scrum – Produkte zuverlässig und schnell entwickeln; 3. aktualisierte Auflage. Hanser 2011

[**Greenleaf**] *http://www.greenleaf.org/whatissl/*

[**Human Knot**] *http://tastycupcakes.org/2011/11/human-knot/*

[**Kerth 2001**] Norman L. Kerth: Project Retrospectives – A Handbook for Team Reviews. Dorset House Publishing 2001

[**Koch**] Arno Koch: Shu Ha Ri – The Japanese way to Improve Excellence; *http://www.makigami.info/cms/japanese-learning-system-japan-36*

[**Koschek 2009**] Holger Koschek: Geschichten vom Scrum – Von Sprints, Retrospektiven und agilen Werten. dpunkt.verlag, 2009

[**Koschek 2012**] Holger Koschek: Wer braucht noch den ScrumMaster, wenn's rund läuft?; *http://www.thinkopen.de/2012/03/25/wer-braucht-noch-den-scrummaster-wenns-rund-laeuft/*

[**Magic Estimation**] David Campey: Magic Estimation; *http://campey.blogspot.de/2010/09/magic-estimation.html*

[**Martin 2012**] Robert C. Martin: Clean Code – A Handbook of Agile Software Craftsmanship. Prentice Hall 2012

[**Mayer 2007**] Tobias Mayer: The Essence of Scrum; *http://agile-anarchy.tumblr.com/the-essence-of-scrum*

[**Mock-Objekt**] *http://de.wikipedia.org/wiki/Mock-Objekt*

[**Pichler 2007**] Roman Pichler: Scrum – Agiles Projektmanagement erfolgreich einsetzen. dpunkt.verlag 2007

[**Pichler 2011**] Roman Pichler, Stefan Roock (Hrsg.): Agile Entwicklungspraktiken mit Scrum. dpunkt.verlag 2011

[**Röpstorff 2012**] Sven Röpstorff, Robert Wiechmann: Scrum in der Praxis. dpunkt.verlag 2012

[**Rugby Scrum**] Laws of Rugby Union, Law 20: Scrum. International Rugby Board; *http://www.irblaws.com/EN/laws/5/20/section/law/*

[**Sahling 2011**] Product Owner, der agile König; *http://blog.holisticon.de/2011/12/product-owner-der-agile-konig/*

[Schwaber 2001] Ken Schwaber, Mike Beedle: Agile Software Development with Scrum. Prentice Hall 2001

[Schwaber 2011] Ken Schwaber, Jeff Sutherland: The Scrum Guide – The Definitive Guide to Scrum – The Rules of the Game; Oktober 2011; *http://www.scrum.org/Scrum-Guides*

[Scrum.org] What is Scrum?; *http://www.scrum.org/Resources/What-is-Scrum*

[Team Estimation] Team Estimation Game; *http://agileworks.blogspot.de/2008/01/team-estimation-game-by-steve-bockman.html*

[Thomas 2007] Dave Thomas: Code Kata; *http://codekata.pragprog.com/2007/01/code_kata_backg.html*

[Tuckman 1965] Bruce Tuckman: Developmental sequence in small groups. Psychological Bulletin 63 (6), 384–99 (1965)

[Vigenschow 2009] Uwe Vigenschow, Björn Schneider, Ines Meyrose: Soft Skills für IT-Führungskräfte und Projektleiter. dpunkt.verlag 2009

ANHANG B
Glossar und Index

Agiles Manifest 40

Im Februar 2001 trafen sich 17 agile Berater und Softwareentwickler, um darüber zu diskutieren, was einen agilen Softwareentwicklungsprozess ausmacht. Dabei waren unter anderem Ken Schwaber und Jeff Sutherland (Scrum), Kent Beck (eXtreme Programming), Alistair Cockburn (Crystal) und viele andere Vorreiter der agilen Bewegung. Als Zusammenfassung ihrer Diskussionen verfassten sie das Agile Manifest, das heute das gemeinsame Wertesystem aller agilen Methoden bildet. Das Manifest besteht aus vier Wertepaaren [Agile Manifesto] und zwölf Prinzipien [Agile Manifesto – Principles].

Anforderung 20, 123

Anforderungen sind die funktionalen und nicht funktionalen Eigenschaften, die das neue Produkt aus Sicht des Auftraggebers erfüllen soll.

Aus verschiedenen Gründen ist es extrem schwierig, Anforderungen so zu formulieren, dass sie von allen Projektbeteiligten gleichermaßen verstanden werden. Außerdem sind große Softwareprojekte heutzutage in der Regel viel zu komplex, als dass man am Anfang alle Anforderungen bis ins Detail vorhersehen, planen und dokumentieren kann. Oft werden fachliche und technische Abhängigkeiten erst im laufenden Projekt sichtbar. Das macht nachträgliche Änderungen erforderlich. Darüber hinaus verändern sich im Laufe der Entwicklungszeit die Rahmenbedingungen und Anforderungen an die Software häufig.

In agilen Projekten werden alle Anforderungen zunächst grob formuliert und (z. B. in Form von → *User Stories)* in das → *Product Backlog* aufgenommen. Im engen Dialog zwischen → *Product Owner* und → *Entwicklungsteam* werden die Anforderungen erst dann verfeinert, wenn feststeht, dass sie tatsächlich umgesetzt werden sollen. Dabei bleibt immer genügend Spielraum, um Details der Umsetzung auch später noch zu beeinflussen.

Backlog

Ein Backlog ist eine Liste von Dingen, die erledigt werden müssen. In Scrum werden z. B. → *Anforderungen* in ein Backlog geschrieben.

Man unterscheidet zwischen folgenden Backlogs:

→ *Product Backlog*: Alle Anforderungen an ein Produkt, z. B. in Form von → *User Stories*.

→ *Selected Product Backlog*: Alle Items aus dem Product Backlog, die für den kommenden Sprint ausgewählt wurden.

→ *Sprint Backlog*: Die Backlog Items für den Sprint werden in Tasks aufgeteilt und hier festgehalten.

→ *Impediment Backlog*: Eine Liste von Hindernissen (→ *Impediments*), die das Team davon abhalten, das → Sprint-Ziel zu erreichen, aber nicht sofort beseitigt werden können.

→ *Team Backlog*: Enthält Aufgaben, die das Team zur Verbesserung des Prozesses z. B. in Retrospektiven erarbeitet hat und in kommenden Sprints umsetzen will.

Backlog Item 33, 44

Ein Backlog Item ist ein Eintrag in einem → *Backlog*. Oft ist es nur eine sehr kurze Beschreibung, da der gesamte Kontext und Inhalt nur in einem gemeinsamen Gespräch vollständig verstanden werden kann.

Bericht 37

Berichte im herkömmlichen Sinne gibt es in der agilen Welt nicht. Täglich trifft sich das → *Entwicklungsteam* zum → *Daily Scrum*, das öffentlich ist und in dem sich jeder über den aktuellen Stand des Projekts informieren kann. Außerdem kann ein → *Burndown Chart* gepflegt werden, das den Fortschritt im aktuellen → *Sprint* widerspiegelt.

Burndown Chart 36, 111

Am Anfang eines Sprints wird festgelegt, welche → *Backlog Items* im Sprint umgesetzt werden. Die Größe jedes einzelnen Items ist vorab (in → *Story Points*) geschätzt worden.

Zur Visualisierung der Abschätzung der im Sprint noch zu leistenden Arbeit kommen oft Burndown Charts zum Einsatz. Auf der x-Achse werden immer die Zeitintervalle aufgetragen, für die der Restaufwand bewertet werden soll. In einem Sprint Burndown Chart sind dies die einzelnen Arbeitstage eines Sprints, bei einem Release Burndown Chart die geplanten Sprints des Releases. Auf der y-Achse wird in Abhängigkeit vom Einsatzzweck der ermittelte Restaufwand zum Zeitpunkt x aufgetragen und mit einer theoretisch berechneten Ideallinie verglichen. Die ermittelten Abweichungen fließen in die Steuerung der aktuellen und kommenden Planung ein.

Business Value
→ *Geschäftswert*

Coding Kata 169

Im Kampfsport ist eine Kata das immer wieder gleiche Einüben vordefinierter Bewegungsabläufe, um diese quasi automatisch abrufen zu können. In der Softwareentwicklung geht es bei Katas ganz ähnlich darum, bestimmte Handgriffe (z. B. Test-Driven Development oder Refactoring) immer wieder an gleichen Aufgabenstellungen zu üben, damit diese Techniken auch bei der täglichen Arbeit leicht von der Hand gehen.

Collective Ownership 155

In agilen Teams gibt es kein »mein« oder »dein«. Der Code gehört allen. Insbesondere dann, wenn Fehler in einem Stück Code entdeckt werden, soll sich kein Entwickler damit herausreden können, dass er den Code nicht geschrieben hat. Wer einen Fehler entdeckt, muss ihn beheben, egal wer der Autor des Codes ist.

Commitment 22, 33

Das englische Wort für Selbstverpflichtung, mit dem sich das Entwicklungsteam zum (selbst gewählten) Lieferumfang des Sprints bekennt. Ein Commitment ist weit mehr als eine Willenserklärung zu Planungszwecken; das Team erklärt damit den unbedingten Willen, das Ziel zu erreichen, und zwar mit allen ihm zur Verfügung stehenden Mitteln. Wichtig hierbei ist insbesondere der freiwillige Charakter. Somit wird die Erreichung der Ziele zur »Ehrensache«, da man sich die Ziele ja selbst gesteckt hat.

In der Neuauflage des Scrum Guide im Jahr 2011 wich das Commitment einer Vorhersage (Forecast).

Community of Practice 166

Regelmäßige Treffen von Gleichgesinnten, die gemeinsam über Scrum, Probleme, Erfahrungen oder Erfolge reden. Eine Plattform zum Austausch über Scrum.

Continuous Integration 170

Eine Technik aus dem → *eXtreme Programming (XP)*. Hierbei wird jeder abgeschlossene Entwicklungsschritt kurzfristig (alle paar Minuten) in das zentrale Source Code Repository eingecheckt, wo ständig (mindestens aber einmal täglich) der neue Code gebaut, integriert, auf ein Testsystem deployed und dort getestet wird. Hiermit wird zum einen vermieden, dass Entwickler gegen eine möglicherweise veraltete Version einer anderen Klasse entwickeln, zum anderen wird sichergestellt, dass alle Module weiterhin fehlerfrei zusammenarbeiten.

cross-functional 37, 155

Ein Scrum-Team soll alle Eigenschaften und Kenntnisse in sich vereinen, die zur Erfüllung aller Aufgaben eines Sprints nötig sind. Dabei sind oft Fähigkeiten aus verschiedenen Disziplinen nötig, z. B. Test, Entwicklung, Architektur, Oberflächendesign. Diese funktionsübergreifende Zusammenarbeit nennt man dann cross-functional oder auch → *interdisziplinär*.

Daily Scrum 35, 44, 49, 80

Ein tägliches, immer zur gleichen Zeit stattfindendes Teammeeting. Es dient der taktischen Planung des Projekts, nämlich der Planung des aktuellen (in Ausnahmefällen auch des nächsten) Tages.

Das Daily Scrum ist öffentlich, allerdings dürfen nur die Teammitglieder und der Scrum Master etwas sagen (siehe Abschnitt »Die Metarollen (Pigs & Chicken)« auf Seite 58).

Das Meeting sollte maximal 15 Minuten dauern, im Stehen stattfinden und im Kern daraus bestehen, dass jedes Teammitglied drei Fragen beantwortet:

- Was habe ich seit dem letzten Daily Scrum erreicht?
- Was werde ich bis zum nächsten Daily Scrum erreichen?
- Welche Hindernisse sind mir im Weg?

Es geht also im Wesentlichen darum, die anderen Teammitglieder von den aktuell bearbeiteten Aufgaben und Problemen zu unterrichten. Jeder weiß über die Lage des Projekts jederzeit Bescheid. Diskussionen über einzelne Themen sollten nicht während des Meetings, sondern im Anschluss in einem gegebenenfalls kleineren Kreis besprochen werden.

Definition of Done 35, 60, 87, 104

Aufgaben werden nur dann im → *Sprint Review* gezeigt und am Ende des Sprints als fertig gewertet, wenn sie der eigenen Definition von »fertig« (→ *Done*) entsprechen. Halb Fertiges wird nicht betrachtet, sondern in die nächste Iteration verschoben. Die Definition of Done muss von jedem Team selbst erstellt werden, sie kann durchaus je Team unterschiedlich sein.

Development Team
→ *Entwicklungsteam*

Dienende Führung 153

(engl. → *Servant Leadership*). Ein guter Scrum Master führt ein Team nicht dadurch, dass er dem Team sagt, was es zu tun hat, sondern indem er geeignete Fragen stellt, die ein selbstorganisiertes Team in die richtige Richtung bringt. Der Scrum Master unterstützt sein Team, indem er alle Hindernisse aus dem Weg räumt und bestmögliche Arbeitsbedingungen schafft.

Done 60

Features dürfen nur dann im → *Sprint Review* gezeigt werden und in das Iterationsergebnis eingehen, wenn sie »Done« sind. Was das genau bedeutet, ist von Team zu Team unterschiedlich, da das Team selbst für das Ergebnis verantwortlich ist.

Entwicklungsteam 14, 59

Eine der drei Kernrollen von Scrum. Das Entwicklungsteam ist zuständig für das »Wie«, d. h. die technische Umsetzung der Aufgaben aus dem → *Sprint Backlog*. Es arbeitet selbstorganisiert und entscheidet völlig selbstständig, wie viele Tasks im jeweiligen Sprint abgearbeitet werden und wie die technische Umsetzung dafür aussieht. Kein Teammitglied bekommt Aufgaben zugewiesen, sondern nimmt sich einen → *Task*, den es bearbeiten will (→ *Pull-Prinzip*). Das Team versucht mit allen sinnvollen Mitteln, das selbst gesteckte → *Sprint-Ziel* zu erreichen. Sollten Probleme auftauchen, werden diese an den → *Scrum Master* zur Klärung und Beseitigung übergeben.

Epic 99, 139

Epics sind Platzhalter für große, später zu realisierende Features.

Über Features, die noch einige Sprints von ihrer Realisierung entfernt sind, ist in der Regel noch nicht allzu viel bekannt. Gemäß der agilen Denkweise, dass sich die genauen Umstände ohnehin noch ändern werden, wäre es Verschwendung, sich jetzt schon im Detail mit diesen Features zu befassen.

Estimation Meeting 83, 138

Das Estimation Meeting, auch Schätzklausur genannt, findet nicht regelmäßig statt, sondern nach Bedarf. In diesem Meeting stellt der Product Owner dem Team neue Stories vor, die in den nächsten Sprints (nicht dem aktuellen!) umgesetzt werden sollen. Anschließend werden diese Stories vom Team geschätzt.

eXtreme Programming 17, 32

Eine agile Softwareentwicklungsmethode, die im Wesentlichen von Kent Beck entwickelt wurde. Sie basiert auf den Werten Kommunikation, Einfachheit, Feedback, Mut und Respekt sowie verschiedenen Prinzipien und Praktiken, darunter Pair Programming, Continuous Integration, testgetriebene Entwicklung und Refaktorisierung.

XP stellt keine Konkurrenz zu Scrum dar, sondern eine hervorragende Ergänzung, da Scrum sich mehr um den Managementansatz der Entwicklung kümmert und nicht so sehr um die technischen Aspekte, die wiederum bei XP im Vordergrund stehen.

Feature 123

Ein Feature ist eine funktionale Eigenschaft des zu entwickelnden Produkts, auch Funktionalität genannt.

Fokus 34, 126

Fokus ist einer der fünf Scrum-Werte. Hier geht es im Wesentlichen darum, nur eine Aufgabe zeitgleich zu bearbeiten, da sonst die Konzentration leidet und man durch Kontextwechsel Zeit und Energie verschwendet.

funktionsübergreifend

→ *cross-functional*

Geschäftswert 63, 87, 101, 128

In der agilen Welt der zentrale Begriff, an dem sich jeder Realisierungsaufwand messen muss. Jedes → *Backlog Item* muss vom → *Product Owner* nach seinem Geschäftswert bewertet und in der Priorität eingestuft werden. Danach wird die Größe des Items in → *Story Points* bewertet. Über die → *Velocity* und die Größe des Teams können die Kosten für die Implementierung des Items berechnet werden. Nur wenn der Geschäftswert größer ist als die Implementierungskosten, sollte das Backlog Item umgesetzt werden.

Impediment 67

Ein Impediment ist ein Hindernis, das das Team daran hindert, seine Arbeit optimal zu verrichten. Beispiele sind fehlende Whiteboards, schlechte Anforderungen oder die Nichterreichbarkeit des Product Owners. Die Eliminierung dieser Hindernisse ist die Hauptaufgabe des → *Scrum Masters*.

Impediment Backlog 36, 110

Das Impediment Backlog ist eine öffentlich im Teamraum aushängende Liste, an der, nach Dringlichkeit priorisiert, die → *Impediments* hängen.

Inkrement 14, 103, 136

Ein Inkrement ist ein Teil des Ganzen. Unter einem Produktinkrement im Scrum-Sinne versteht man das Ergebnis eines Sprints als fertiges Stück des Gesamtprodukts (→ *Definition of Done*), das in sich abgeschlossene neue Funktionalitäten hinzufügt.

Inspect and Adapt 15, 40, 73

Eine der mächtigsten agilen Techniken überhaupt. Zurückgehend auf den Deming-Zyklus (Plan-Do-Check-Act), wird die eigene Arbeit in regelmäßigen Abständen überprüft und in der nächsten Iteration angepasst. Inspect and Adapt findet auf mehreren Ebenen statt: auf Tagesbasis durch → *Pair Programming* und → *Daily Scrum*, nach außen zum Kunden im → *Sprint Review* und nach innen in der → *Retrospektive*.

Integrationstest 171

Ein Teil des gesamten Testkonzepts. Aufbauend auf Unit-Tests die einzelne Programmmodule testen, werden Integrationstests benötigt, um das Zusammenspiel zwischen den Komponenten möglichst automatisiert auf Fehlerarmut und das Funktionieren der einzelnen Features zu testen.

interdisziplinär

→ *cross-functional*

INVEST 101, 123

Kriterien, die Backlog Items erfüllen sollten:

- I = *independent* (unabhängig)
- N = *negotiable* (verhandelbar)
- V = *valuable* (wertvoll)
- E = *estimable* (schätzbar)
- S = *sized appropriately* bzw. *small* (angemessen groß bzw. klein)
- T = *testable* (testbar)

Iteration 14

Ein einzelner Zeitabschnitt, in dem ein → *Inkrement* des Produkts entwickelt wird. In Scrum wird dies → *Sprint* genannt.

iterativ-inkrementell 14, 135

In Scrum wird diese Technik verwendet, um durch kurze Feedback-Zyklen hochwertige Software zu erstellen. Iterativ (in einzelnen Sprints) werden Inkremente (fertige Produktteile) in Sprint Reviews vorgestellt, auch um das Feedback der → *Stakeholder* in der nächsten Iteration möglicherweise in das nächste Inkrement aufzunehmen.

Kunde 71

Der Kunde ist derjenige, der bestimmt, was das Endprodukt leisten soll. In der agilen Welt ist der Kunde nicht ein reiner Auftraggeber, der einmalig ein Lastenheft erstellt, den Auftrag erteilt und am Ende die Abnahme vornimmt, sondern eine aktive Rolle im Entwicklungsprozess.

Im → *Sprint Review* muss der Kunde regelmäßig die bis dahin geleistete Arbeit begutachten und kommentieren, aber auch zwischendurch muss er damit rechnen, dass das Team Fragen geklärt haben möchte. Dies führt auf der einen Seite zu einer besseren Akzeptanz des Produkts, auf der anderen Seite zu höherer Qualität.

Der → *Product Owner* ist der Kundenvertreter während der Entwicklung, falls der Kunde nicht ständig anwesend sein kann. Er hält engen Kontakt zum Kunden und trifft für ihn die täglich anfallenden Entscheidungen.

Maintenance
→ *Wartung*

Manager 71

Das Management scheint in der agilen Welt nur noch eine untergeordnete Rolle zu spielen, da die Teams ja selbstorganisiert sind. Dies ist ein Trugschluss. Zunächst kann das Management den Weg zu einem agilen Unternehmen massiv behindern, sodass man gut daran tut, das Management in alle Prozesse mit einzubeziehen. Außerdem bleiben selbstverständlich genügend Aufgaben für das Management übrig: Entwicklung und Überwachung der Firmenstrategie, Personalführung, Organisation der gesamten Firma inklusive der Entwicklung, und nicht zuletzt muss es die Gelder verwalten und genehmigen, die das Entwicklungsteam dazu bewegen, die perfekte Software zu bauen.

Mentor 153, 169

Ein Mentor ist ein Mensch, der seinem Mentee hilft, sich persönlich und beruflich weiterzuentwickeln. Er war schon einmal dort, wo der Mentee (bewusst oder unbewusst) hin will.

MoSCoW 102

Um zu einer ersten groben Rang- und Reihenfolge der → *Backlog Items* im → *Product Backlog* zu kommen, kann man die MuSCoW- oder MoSCoW-Priorisierung verwenden. Die Großbuchstaben im Namen stehen dabei für Must have, Should have, Could have und Won't have. Man überlegt sich für jedes Backlog Item, ob es zum gegenwärtigen Zeitpunkt unbedingt gebraucht wird (M), ob es implementiert werden sollte (S) oder könnte (C) oder ob es im Augenblick vielleicht gar nicht nötig ist (W).

Mut 38

Einer der fünf Kernwerte von Scrum. Ein Teammitglied braucht beispielsweise Mut, um Probleme frühzeitig zu benennen, ein Scrum Master zum Beseitigen von → *Impediments* und ein

Product Owner zum Priorisieren möglicherweise unpopulärer, aber notwendiger Backlog Items.

Offenheit 35

Einer der fünf Kernwerte von Scrum. Offenheit, oft auch mit Transparenz gleichgestellt, ist täglich gelebte Praxis in Scrum. Im → *Daily Scrum* und am → *Burndown Chart* ist beispielsweise der Projektstatus tagesaktuell offengelegt.

Pair Programming 169

Eine Technik, die aus dem → *eXtreme Programming* stammt. Zwei Entwickler sitzen nebeneinander an einem Arbeitsplatz und implementieren ein Feature gemeinsam. Der Entwickler an der Tastatur (»Driver«) erklärt dabei laufend, was er tut und warum er es tut, und der andere (»Navigator«) hinterfragt ständig, was getan wird. Nach einer Weile wechseln dann die Rollen.

Die Vorteile dieses Verfahrens: Der Code wird bereits während der Erstellung einem Review unterzogen, es wird nur entwickelt, was tatsächlich sinnvoll und notwendig ist, und es gibt immer zwei Personen, die den Code kennen.

Planning Poker® 133

Planning Poker® ist ein agiles Schätzverfahren, bei dem die Mitglieder des Entwicklungsteams die zu entwickelnden Features gemeinsam schätzen. Dabei wird besonders darauf Wert gelegt, dass die Größe eines Features geschätzt wird und nicht der Aufwand.

Planung 21

Kaum ein Kunde wird ein Projekt genehmigen, ohne vorher zu wissen, wann es fertig sein wird. Die Marketingabteilung ist interessiert an einer Release-Planung, um neue Features rechtzeitig bewerben zu können.

Agile Methoden gehen allerdings davon aus, dass sich bei komplexen Projekten die Faktenlage während des Projekts ändern wird, sodass es reine Verschwendung wäre, das gesamte Projekt komplett detailliert durchzuplanen. Deshalb nimmt der

Detaillierungsgrad agiler Planung ab, je weiter der Blick in die Zukunft gerichtet ist. Man unterscheidet zwischen *strategischer* und *taktischer* Planung.

Zur strategischen Planung in Scrum zählen die → *Vision* (Wohin will ich mit meinem Produkt?), das → *Product Backlog* (Was benötige ich alles, um die Vision zu erfüllen?) und der → *Release-Plan* (Wann bekomme ich die einzelnen Features von meinem Team geliefert?). Die strategische Planung ist also recht grobgranular, die Einzelheiten werden erst in der taktischen Planung festgelegt.

Bei der taktischen Planung werden die Dinge geplant, die im kommenden bzw. laufenden Sprint zur Realisierung anstehen. Im → *Sprint Planning* wird festgelegt, welche Stories (Features) im gerade begonnenen Sprint umgesetzt werden sollen. Auf Tagesebene gibt es zusätzlich das → *Daily Scrum*. Hier wird besprochen, was an diesem Tag bis zum nächsten Daily Scrum anliegt.

Priorisierung 126

In Scrum wird versucht, das Wichtigste zuerst umzusetzen, zum einen, um schnell erkennen zu können, ob das Produkt hält, was es verspricht, zum anderen, um das wirtschaftliche Risiko zu minimieren. So ist es beispielsweise eine der Hauptaufgaben des → *Product Owners*, den → *Return on Investment* zu maximieren. Wenn die Kosten für die Umsetzung eines Features den → *Geschäftswert* übersteigen, sollte es nicht umgesetzt werden. Das gilt natürlich auch auf Projektebene. Ist der »Wert« des Rests der noch geplanten Features geringer als die für die Realisierung notwendigen Kosten, sollte das Projekt beendet werden. Dies funktioniert natürlich nur, wenn die Features im → *Product Backlog* nach Geschäftswert priorisiert sind, wobei Priorisierung in diesem Fall als eindeutige Reihenfolge zu verstehen ist: Steht ein Feature weiter oben im Product Backlog, ist es höher priorisiert und muss früher umgesetzt werden. Somit ist die Priorisierung ein mächtiges Planungsinstrument, das über die Reihenfolge der Umsetzung entscheidet und damit auch über den Lieferzeitpunkt der einzelnen Features.

Product Backlog 44, 97

Das Product Backlog ist die Liste aller Features, die im laufenden Projekt umgesetzt werden sollen. Die einzelnen Features sind priorisiert (→ *Priorisierung*) und oft als → *User Story* formuliert.

Um Verschwendung zu vermeiden, sind die Stories in unterschiedlicher Granularität formuliert (→ *Epic*).

Product Backlog Grooming 100

Die tägliche Arbeit des →*Product Owners* besteht darin, das Product Backlog zu pflegen. Hierbei werden einige Backlog Items detailliert, andere in mehrere Items zerteilt, die Reihenfolge wird geändert, oder es werden inzwischen nicht mehr notwendige Items aus dem Backlog entfernt. Das Product Backlog ist also ein dynamisches Konstrukt, das sich in Abhängigkeit von Kenntnisstand und Entwicklungsfortschritt ständig verändert.

Product Owner 14, 44, 63

Der Product Owner ist derjenige, der für den wirtschaftlichen Erfolg des Projekts und für das »Was« zuständig ist. Zu seinen Aufgaben gehören:

- Aufnahme der fachlichen Anforderungen vom Kunden
- Erstellung von → *Backlog Items* aus diesen Anforderungen
- Priorisieren der einzelnen Anforderungen nach → *Geschäftswert*
- Pflege der Anforderungen im → *Product Backlog*
- Erstellung eines Release-Plans
- Durchführen von → *Estimation Meetings*
- Teilnahme am → *Sprint Planning*
- Beantworten aller Fragen des Teams während der Entwicklung
- Abnahme der Features beim → *Sprint Review*

Produktinkrement
→ *Inkrement*

Produktvision
→ *Vision*

Pull-Prinzip 153

Kreativität und Freude an der Arbeit entwickeln vor allem Teams, die nicht fremdgesteuert sind. Wer ständig gesagt bekommt, was er zu tun hat, hört auf, selbstständig zu denken. Das Pull-Prinzip bedeutet, dass das Team nicht gesagt bekommt, was es bis wann abzuliefern hat, sondern dass es selbst bestimmt, wie viel es im nächsten Sprint abliefern wird. Weiterhin nimmt sich (auf Tagesebene betrachtet) jeder Entwickler beim → *Daily Scrum* seinen nächsten Task selbst, anstatt diesen durch einen Projektleiter zugewiesen zu bekommen. So kann jedes Teammitglied seinen Arbeitsdurchsatz selbst steuern, die Höhe des äußeren Drucks bestimmt es ebenfalls selbst, und das Ergebnis wird insgesamt besser.

Refactoring 46, 168

Nur 20 % der Zeit, die man mit einer Codezeile verbringt, wird bei der Ersterstellung verbraucht. Die restlichen 80 % sind späteren Änderungen oder Erweiterungen geschuldet, die nicht in allen Fällen vom ursprünglichen Entwickler durchgeführt werden. Deshalb ist es enorm wichtig, die Wartbarkeit und Änderungsmöglichkeit des Codes zu erhalten. Refactoring, auf Deutsch auch Refaktorisierung genannt, ist eine Technik, die ursprünglich aus dem → *eXtreme Programming* stammt und wartungsfreundlichen Code zum Ziel hat. So werden beispielsweise auskommentierte Stellen tatsächlich auch aus dem Code entfernt (setzt ein Repository voraus!), die Algorithmen auf Lesbarkeit und Eleganz geprüft und Methoden- und Variablennamen begutachtet.

Referenzanforderung 133

Die Referenzanforderung dient der Kalibrierung beim → *Planning Poker*. Bei dieser agilen Schätzmethode werden die einzelnen Backlog Items des → *Product Backlog* relativ zueinander geschätzt. Die Bezugsgröße hierbei stellt die Referenzanforderung dar. Es sollte ein kleines, technisch gut bekanntes Backlog Item sein. Beim Planning Poker werden dann alle Backlog Items im Verhältnis zu dieser Referenzanforderung geschätzt.

Release-Management 54, 138

In Scrum werden einzelne Features innerhalb von Sprints umgesetzt. Nicht jedes Sprintergebnis (→ *Inkrement*) wird allerdings in Form eines Releases an den Kunden ausgeliefert. Die Planung, die vorsieht, welches Feature in welchem Release zur Auslieferung kommt, nennt man Release-Management.

Release-Plan 107

Kein Kunde, weder extern noch intern, wird ernsthaft ein Projekt genehmigen und viel Geld ausgeben, ohne eine Aussage darüber zu bekommen, wann er welches Feature bekommt. Aus diesem Grund gibt es natürlich auch bei Scrum einen Release-Plan, der über die Planung eines einzelnen Sprints hinausgeht. Die → *Velocity* eines Teams ist über die Zeit konstant, also ist die Anzahl der → *Story Points*, die ein Team je Sprint abarbeiten kann, in jedem Sprint ungefähr gleich. So kann man recht einfach bestimmen, welche der bereits vom Entwicklungsteam geschätzten Features im → *Product Backlog* in welchem Sprint realisiert sein werden. Gemeinsam mit dem Kunden kann man dann daraus mögliche Releases schneiden.

Respekt 37

Einer der fünf Kernwerte von Scrum. Nur wer Respekt vor den anderen Teammitgliedern und anderen Stakeholdern hat, ist ein wertvolles Mitglied des Projektteams. Ohne Respekt wird niemand für den anderen eintreten und ihm eine Hilfe sein, und schlussendlich wird auch keiner seine eigene Arbeit bestmöglich durchführen.

Retrospektive 51, 89, 142, 145

→ *Inspect and Adapt* ist eine der wichtigsten Techniken in allen agilen Verfahren. Das Feedback von außen, also vom Kunden und möglicherweise vom Management, holt man sich im → *Sprint Review*, das Feedback von innen, also vom Team für das Team, passiert in der Retrospektive. Voraussetzung hierfür ist eine geschützte, vertrauensvolle Umgebung. Es ist das Ziel, vorwärtsgerichtet und konstruktiv Verbesserungspotenziale zu erkennen und Missstände zu beseitigen – und zwar gemeinsam als Team.

Hierzu werden nacheinander die Fragen »Was lief gut im letzten Sprint?« und »Was kann verbessert werden?« beantwortet und diskutiert. Aus den Verbesserungsvorschlägen werden konkrete Maßnahmen abgeleitet. Maßnahmen, die das Team selbst durchführen kann, wandern ins nächste → *Sprint Planning*-Meeting, da der → *Product Owner* dafür Zeit zur Verfügung stellen muss, die anderen in das → *Impediment Backlog*.

Return on Investment 63

Der Return on Investment (ROI, Kapitalrendite) wird errechnet aus dem Quotienten aus Gewinn und Kapitaleinsatz. Der → *Product Owner* ist innerhalb eines Scrum-Projekts verantwortlich für die Maximierung des ROI. Dies hat im Wesentlichen zwei Auswirkungen: Das → *Product Backlog* ist sortiert nach dem → *Geschäftswert*, damit das Team die wertvollsten Features zuerst implementiert, und da der Kapitaleinsatz mit der Projektdauer wächst, sinkt der ROI für ein einzelnes Feature, je später es umgesetzt wird. Der Product Owner kann das Projekt abbrechen, sobald der Kapitaleinsatz für einen weiteren Sprint die Gewinnerwartung übersteigt.

Rolle 14, 57, 161

Es gibt drei Kernrollen in einem Scrum-Team: den → *Scrum Master*, den → *Product Owner* und das → *Entwicklungsteam*.

Schätzen 128

Anforderungen in einem Softwareprojekt müssen in jedem Fall geschätzt werden. In agilen Projekten schätzen diejenigen, die später auch das Produkt entwickeln sollen: die Entwickler. Sie wissen am besten, wie lange es vermutlich dauern wird. Ein bekanntes agiles Schätzverfahren ist → *Planning Poker*.

Schneiden von User Stories 131

→ *User Stories* sind eine mögliche Form der Notation für Anforderungen in einem agilen Projekt. → *Epics* sind zu groß für die Implementierung, sie müssen zunächst in kleine User Stories geschnitten werden. Dabei ist es üblicherweise keine gute Idee, eine Story nach Komponenten zu zerteilen, also Frontend, Mittelschicht und Datenbank. Sinnvoller ist es, sie in funktionale Teile zu zerlegen. Wenn man also beispielsweise eine Stammdatenverwaltung entwickelt, kann man die Anzeige von bereits gespeicherten Datensätzen durchaus von der Neuanlage oder der Änderung trennen.

Als Faustregel sollte gelten: Die Story muss klein genug sein, um in einen Sprint zu passen, und muss noch gut schätzbar sein. Mehr als 20 Story Points sind ein sicherer Kandidat für eine notwendige Teilung. Außerdem muss die Story groß genug sein, um einen funktionalen Mehrwert zu bieten, und sie muss schätzbar sein.

Scrum Guide 7, 147

Die offizielle Definition von Scrum, herausgegeben von Jeff Sutherland und Ken Schwaber [Schwaber 2011].

Scrum Master 14, 66

Der Scrum Master ist eine der drei Kernrollen in Scrum. Er ist kein Projektleiter im klassischen Sinne, sondern wacht darüber, dass die Regeln von Scrum eingehalten werden. Obwohl das Team selbstorganisiert ist, kann dazu auch gehören, das Team zu motivieren, Alternativen zu erwägen oder Prioritäten zu überdenken. Die eigentliche Aufgabenliste des Scrum Masters ist das → *Impediment Backlog*, auf dem die Dinge verzeichnet sind, die das Team davon abhalten, optimal zu arbeiten.

Scrum Master ist eine Vollzeittätigkeit. Es ist meist keine gute Idee, ihn auch als Entwickler im Team einzusetzen, da die Zielkonflikte dazu führen könnten, dass beide Teilaufgaben nicht ordentlich erfüllt werden.

Scrum of Scrums 29

In skalierten Umgebungen, d. h. in Projekten mit mehr als einem Team, sind einige zusätzliche Kommunikationsmaßnahmen notwendig, um Scrum durchzuführen.

Scrum-Teams müssen sich untereinander synchronisieren, insbesondere dann, wenn funktionale Abhängigkeiten zwischen den Liefergegenständen der Teams bestehen. Also treffen sich regelmäßig (bei vierwöchigen Sprints z. B. einmal pro Woche)

Vertreter der Teams zu einem Scrum of Scrums, das grundsätzlich genau so abläuft wie ein → *Daily Scrum* innerhalb eines Teams. Wichtig ist dabei, dass hier besonderer Wert auf die Schnittstellen zwischen den Teams gelegt wird. Es sollte nicht immer nur der → *Scrum Master* teilnehmen. Auch hat sich als hilfreich herausgestellt, dass nicht immer das gleiche Teammitglied als Abgesandter fungiert. Ansonsten schleift sich eine Routine ein, die nicht mehr förderlich für das Ergebnis ist.

Scrum-Team 70

Als Scrum-Team bezeichnet man die Gesamtheit aller Scrum-Rollen, also das → *Entwicklungsteam*, den → *Product Owner* und den → *Scrum Master*.

Selbstorganisation 151

Teams werden motivierter und kreativer und produzieren somit bessere Software in kürzerer Zeit, wenn sie selbstorganisiert arbeiten. In Scrum gibt es Selbstorganisation auf verschiedenen Ebenen: Bereits beim Schätzen ist das Team aktiv involviert (siehe → *Planning Poker*), die im kommenden Sprint zu erledigenden Stories werden vom Team selbst ausgewählt (→ *Selected Product Backlog*), die Tasks zur Erfüllung der Backlog Items werden selbstständig erarbeitet, und die Reihenfolge sowie die personelle Zuordnung der einzelnen Tasks bestimmt das Team ebenfalls komplett selbst.

Selected Product Backlog 33, 108

Im ersten Teil des → *Sprint Plannings* wählt das Team die Backlog Items aus, die im kommenden Sprint zu erledigen sind. Wichtig hierbei: Die Items werden aus einem priorisierten (→ *Priorisierung*) Backlog entnommen, und zwar von oben. So ist sichergestellt, dass die wichtigsten Funktionalitäten als Erstes bearbeitet werden. Dieses Selected Product Backlog ist ein sehr flüchtiges Artefakt in Scrum, wird es doch im zweiten Teil des Sprint Plannings vom Team in einzelne Tasks aufgeteilt, die dann das → *Sprint Backlog* bilden.

Servant Leadership

→ *Dienende Führung*

Shu-Ha-Ri 142

Ein Stufenmodell des Lernens. Ursprünglich aus dem Kampfsport stammend, bezeichnet Shu die Stufe, in der man streng die vorgegebenen Regeln befolgt, Ha die Stufe, in der man die bestehenden Regeln variiert, und Ri die Stufe, in der man sich vollständig von der Vorgabe gelöst hat und etwas Eigenes kreiert.

Software Craftsmanship 167

Eine Initiative von Softwareentwicklern, die ihren Beruf nicht nur als Handwerk, sondern als Kunsthandwerk verstehen. Durch ständiges Üben (→ *Coding Katas*) und Weitergabe des Wissens an andere wird eine handwerkliche Meisterschaft angestrebt.

Sprint 14, 44

In Scrum werden Iterationen als Sprints bezeichnet. Ein Sprint ist ein fester Zeitraum, in dem das Team → *Features* des Produkts fertigstellt (siehe → *Definition of Done*) und diese dem Kunden im → *Sprint Review* vorführt, um dann zu diskutieren, wie die Entwicklung in den nächsten Sprints weitergehen kann.

Sprint Backlog 33, 44, 50, 78, 102

Als Sprint Backlog bezeichnet man die einzelnen Tasks, die zur Erfüllung der Backlog Items aus dem → *Selected Product Backlog* identifiziert wurden. Zu jedem Task wird außerdem der Status am → *Taskboard* festgehalten (meist »To Do«, »In Progress« und »Done«). Den Abarbeitungsgrad des Sprint Backlogs (und somit den Projektstatus) kann man gut im → *Burndown Chart* visualisieren.

Sprint Planning 49, 75

Das Sprint Planning besteht aus zwei Teilen. Beide Meetings finden am ersten Tag eines Sprints statt und sind jeweils maximal vier Stunden lang.

Im ersten Teil schaut sich das Team gemeinsam mit dem → *Product Owner* die → *Backlog Items* aus dem → *Product Backlog* an und wählt von oben diejenigen aus, die es im Laufe des nächsten Sprints meint, abarbeiten zu können (das »Was«). Im zweiten Teil werden die Implementierungsdetails (das »Wie«) geklärt. Hier werden Designs und Architekturen entworfen und die Items in einzelne Tasks zerlegt. Am Ende des Sprint Plannings steht ein → *Taskboard*, auf dem alle konkreten Aufgaben für den nächsten Sprint dargestellt sind und nach und nach abgearbeitet werden (→ *Sprint Backlog*).

Sprint Review 50, 86

Im Sprint Review zeigt das Team, was es im vergangenen Sprint erreicht hat. Alle gemäß der → *Definition of Done* fertigen → *Features* werden vorgestellt und diskutiert. Dieser Diskussionsprozess ist extrem wichtig: Positives Feedback gibt einen weiteren Motivationsschub. Der Kunde hat möglicherweise sofort neue Ideen, wie man das Produkt noch weiter verbessern kann. Ist das Feedback negativ, ist der Effekt noch stärker: Man hat Fehler und Schwächen frühzeitig erkannt und kann rechtzeitig gegensteuern, bevor zu viel Geld verschwendet wird.

Sprint-Abbruch 53

Der Product Owner hat die Möglichkeit, einen Sprint abzubrechen, wenn abzusehen ist, dass das → *Sprint-Ziel* entweder nicht erreicht werden kann oder es inzwischen (z. B. durch Veränderungen am Markt) nicht mehr sinnvoll ist. In diesem Fall wird die bereits geleistete Arbeit ignoriert und ein neuer Sprint mit einem neuen Sprint-Ziel angesetzt.

Sprint-Ziel 49, 77

Aus den ausgewählten Stories lässt sich meist recht gut ein Ziel identifizieren, auf das hingearbeitet wird. Sollten trotz redlicher Bemühungen nicht alle Backlog Items fertig werden, kann man möglicherweise einige Tasks so umarbeiten, dass sie nicht ganz so aufwendig sind, um trotzdem noch das Sprint-Ziel zu erreichen. Sieht man schon früh während des Sprints, dass das Sprint-Ziel nicht mehr erreichbar ist, sollte der → *Product Owner* einen → *Sprint-Abbruch* einleiten und die Planung erneut überdenken.

Stakeholder 71, 86, 122

Stakeholder sind Interessenvertreter, also alle, die vom Projekt betroffen oder direkt daran beteiligt sind. Dazu zählen unter anderem das Management, Auftraggeber, Anwender, Kunden, Mitarbeiter, Kollegen, möglicherweise sogar Banken und Betriebsräte. Wichtig ist, dass die Interessen der Stakeholder während der Projektdurchführung mindestens bekannt sind, wenn nicht sogar bei der Realisierung berücksichtigt werden. Beim → *Sprint Review* ist es eine gute Idee, möglichst viele der Stakeholder zur Demonstration des fertigen Teilprodukts einzuladen, nicht zuletzt um bereits frühzeitig die Akzeptanz zu erhöhen oder im positiven Fall gute Ideen für die weitere Umsetzung einzusammeln und in das → *Product Backlog* einfließen zu lassen.

Story Card 97, 125

Eine Story Card ist eine visuelle Repräsentation der einzelnen Backlog Items (oft formuliert als → *User Stories*, daher der Name). Auf ihr steht auf der Vorderseite der Text der Story und idealerweise ebenfalls der → *Geschäftswert* und die Größe (in → *Story Points*). Auf der Rückseite finden dann noch Details wie z. B. Abnahmekriterien, Teststrategien usw. Platz. Damit hat man alle wesentlichen Informationen über das Backlog Item zur Hand.

Story Point 55, 131

Um eine sinnvolle Sprint- und Release-Planung vornehmen zu können, muss die Größe eines → *Backlog Item* bekannt sein. Diese wird in → *Estimation Meetings* z. B. mithilfe von → *Planning Poker* bestimmt. Wichtig ist auf der einen Seite, dass nicht die Dauer der Umsetzung, sondern die Größe geschätzt wird, da die Umsetzungsdauer stark von der Anzahl der Personen und deren Fähigkeiten sowie den verwendeten Werkzeugen abhängt. Deshalb führt man die abstrakte Messgröße »Story Point« ein, die nur im Vergleich zu anderen Backlog Items eine Bedeutung hat (relatives Schätzen), nicht aber als absolute Zahl.

Sustainable Pace 158

Die »nachhaltige Geschwindigkeit« ist eine Praktik aus dem → *eXtreme Programming*. Sie besagt, dass kein Teammitglied über einen längeren Zeitraum eine ungesunde Arbeitslast tragen sollte. Überstunden sind in Scrum-Projekten also die Ausnahme, da man sonst langfristig gesehen die Teammitglieder nachhaltig schädigt.

Task 44, 49

Ein Task ist ein Arbeitsschritt, der gemeinsam mit anderen Tasks der Erfüllung eines → *Backlog Items* dient. → *Features* werden vom → *Product Owner* vorgegeben und im ersten Teil des → *Sprint Plannings* vom Team für den kommenden Sprint ausgewählt. Im zweiten Teil des Sprint Plannings werden diese Features dann vom Team in einzelne Tasks zerteilt. Diese stellen die technischen Schritte dar, die notwendig sind, um das Feature umzusetzen. Jeder Task sollte nicht länger als einen Tag zur Umsetzung benötigen, damit man täglich den Fortschritt messen kann. Während die Anzahl der Features im Laufe eines Sprints konstant bleibt, kann sich die Anzahl der Tasks ändern, z. B. wenn das Team erkennt, dass ein weiterer Schritt nötig ist, um ein Backlog Item fertigzustellen.

Taskboard 36, 78, 80, 102, 108

Das Taskboard ist das wichtigste Arbeitsmittel des Teams. Hier stehen in der linken Spalte alle → *Backlog Items* des aktuellen Sprints und daneben die zugehörigen Tasks in der ihrem Status entsprechenden Spalte (z. B. »To Do«, »In Progress« oder »Done«). Das → *Daily Scrum* findet am Taskboard statt. Jedes Teammitglied verschiebt »seinen« Task in die entsprechende Spalte. Gemeinsam mit dem → *Burndown Chart* ist das Taskboard ein adäquates Werkzeug, um einen guten Überblick über den aktuellen Stand des Projekts zu bekommen.

Team Backlog 115

Eine Liste, in der die Dinge priorisiert festgehalten werden, die das Team zur Verbesserung der eigenen Arbeitsleistung unternehmen will. Sie ist ein Ergebnis der → *Retrospektive*. Tasks, die längere Zeit in Anspruch nehmen werden, müsser vor der Umsetzung mit dem → *Product Owner* »verhandelt« werden, da dadurch kurzfristig die Sprintleistung sinken wird.

Team
→ *Entwicklungsteam*

Timebox 41, 72
Die Timebox ist ein festes, geschlossenes Zeitfenster, das unbedingt eingehalten werden muss. Jedes Meeting und jede Zeitangabe in Scrum (z. B. die Sprint-Länge) hat eine definierte Timebox. So darf z. B. ein → *Daily Scrum* nicht länger als 15 Minuten dauern. Der Grund für die Einrichtung der Timebox ist die Vermeidung von Verschwendung und die Fokussierung auf die wirklich wichtigen Dinge im Sprint.

Sollte am Ende der geplanten Timebox das Thema nicht hinreichend diskutiert sein, wird ein Folgemeeting einberufen, bei dem dann aber nur genau der Personenkreis eingeladen wird, der auch betroffen ist.

T-shaped 156
Die Eigenschaften eines Teammitglieds sind genau dann T-shaped, wenn es ein breites Allgemeinwissen hat (der horizontale Balken des T) und in einem oder einigen wenigen Bereichen ein tief gehendes Spezialwissen besitzt (der vertikale Balken des T).

Tuckman-Modell der Teamentwicklung 150
Das Tuckman-Modell beschreibt die verschiedenen Phasen, die jedes Team im Laufe seiner Zusammenarbeit durchläuft. Die einzelnen Phasen sind: Forming – Storming – Norming – Performing.

User Story 124
Eine User Story ist eine mögliche Notation für → *Product Backlog Items*. Sie gehorcht einer speziellen Syntax: Als *Rolle* möchte ich *Beschreibung*, um *Nutzen* zu erreichen. Also z. B.: »Als Administrator möchte ich das Passwort eines Benutzers zurücksetzen können, um diesem bei vergessenem Passwort die Möglichkeit zu bieten, weiterhin das System zu nutzen.« Diese

Beschreibung ist bewusst kurz gehalten, um zu erzwingen, dass eine Diskussion zwischen dem → *Entwicklungsteam* und dem → *Product Owner* über das → *Feature* entsteht. Außerdem ist die User Story rein fachlicher Natur. Die Entscheidung über die technische Umsetzung obliegt dem Entwicklungsteam.

Die Kunst des → *Product Owner* besteht darin, diese Stories in genau der richtigen Größe bereitzustellen (siehe → *Schneiden von User Stories*). Während der Arbeit an den Stories im Sprint werden sie auf → *Story Cards* geschrieben und an das → *Taskboard* gehängt.

Velocity 55, 116, 138

Als Velocity bezeichnet man die Geschwindigkeit eines agilen Entwicklungsteams. Sie wird gemessen in → *Story Points* pro → *Sprint*. Es werden nur die Story Points der tatsächlich fertigen Stories aufsummiert. Nach einer Einschwingphase von drei bis fünf Sprints ist die Velocity eines Teams konstant und deshalb ein sehr gutes Planungsmittel für die Release-Planung.

Verstreute Teams 177

Teams bezeichnet man als verstreut, wenn Mitglieder eines Teams auf verschiedene Standorte verteilt sind, aber trotzdem gemeinsam in einem Sprint am selben Ziel arbeiten.

Verteilte Teams 176

Wenn innerhalb eines Projekts mehrere Teams existieren, die an unterschiedlichen Standorten sitzen, spricht man von verteilten Teams, wobei im Gegensatz zu → *verstreuten Teams* jedes Team komplett an einem Standort arbeitet.

Vertikaler Durchstich 163

Unter einem vertikalen Durchstich versteht man die vollständige Implementierung eines → *Features* durch alle Architekturschichten, also z. B. Benutzeroberfläche – Geschäftslogik - Datenbank. Dies steht im Gegensatz zu klassischer Softwareentwicklung, in der üblicherweise die einzelnen Schichten getrennt voneinander entwickelt werden, was ein schnelles Integrieren der Features erschwert und dazu führt, dass Pro bleme an den Schnittstellen zwischen den Schichten erst recht spät erkannt werden.

Vision 74, 105, 120

Die Vision wird vom → *Product Owner* entwickelt und stellt die Richtlinie dar, an der alle → *Features* des Produkts gemessen werden müssen. Eine Vision muss erreichbar sein, ein übergeordnetes Gesamtbild des Projekts bilden und enthält idealerweise auch bereits drei bis fünf der wichtigsten Features des späteren Produkts. Teile der Vision können als → *Sprint-Ziel* fungieren.

Wartung 140

Ist das Projekt, in der das Produkt entwickelt wurde, abgeschlossen, tritt das Produkt in die Wartungsphase (engl. Maintenance) ein, in der nur noch Fehler behoben und kleinere Weiterentwicklungen vorgenommen werden.

Werte 31

Die fünf Kernwerte von Scrum sind Selbstverpflichtung (→ *Commitment*), → *Fokus*, → *Offenheit*, → *Respekt* und → *Mut*. Ohne die Werte wäre Scrum nur ein hohler Rahmen, der nicht so erfolgreich gute Software hervorbringen würde.

Ziel 121

Ein Ziel ist ein Ergebnis, das man erreichen möchte. Dies steht im Gegensatz zur Vision, die eher einen erstrebenswerten Zustand darstellt. Das Erreichen von Zielen ist in Scrum nicht der Hauptfokus, da dies die Kreativität behindern würde.